GOLDMANN

Buch

In ihrem Standardwerk zur tantrischen Liebeskunst erläutert Margo Anand ihr systematisch aufgebautes Trainingsprogramm. Zur Kunst der sexuellen Ekstase gehören Meditation, Visualisierungsübungen, Atemtechniken, Massage, Bewegungsübungen und Liebestechniken sowie nicht zuletzt die Erweiterung der erotischen Phantasie.

Ziel ist die Steigerung des Lustempfindens, die Entdeckung der verschiedenartigen Orgasmen und das Heilen aller Formen von sexuellen Problemen. Sexualität wird im Tantra zu einer tiefen Erfahrung, die Selbstsicherheit und eine spirituelle Öffnung schenkt.

Autorin

Margo Anand Nasledikov ist Diplompsychologin und arbeitet seit 15 Jahren als Sexualtherapeutin und Seminarleiterin für Tantra-Kurse in Europa, den USA und Indien. Ihre Kenntnisse des Tantra und des Taoismus erwarb sie bei verschiedenen Tantra-Meistern auf der ganzen Welt.

MARGO ANAND

Tantra
ODER
Die Kunst der sexuellen Ekstase

Aus dem Amerikanischen
von Karin Petersen

GOLDMANN VERLAG

Umwelthinweis:
Alle bedruckten Materialien dieses Taschenbuches
sind chlorfrei und umweltschonend.

Der Goldmann Verlag
ist ein Unternehmen der Verlagsgruppe Bertelsmann

Vollständige Taschenbuchausgabe Juli 1995
Wilhelm Goldmann Verlag, München

Originalverlag: Jeremy P. Tarcher, Inc., Los Angeles
Originaltitel: The Art of Sexual Ecstasy.
The Path of Sacred
Sexuality for Western Lovers
Zeichnungen: Leandra Hussey
Umschlaggestaltung: Design Team München
Umschlagabbildung: Tchekov Minosa
Druck: Presse-Druck Augsburg
Verlagsnummer: 13847
ss · Herstellung: Sebastian Strohmaier
Made in Germany
ISBN 3-442-13847-7

3 5 7 8 10 8 6 4 2

Für Osho
Für den inneren und den äußeren Meister
Für Gaia
Für die innere und äußere Göttin
Für alle Frauen und Männer, die sich die Erforschung ihres ekstatischen Potentials zum Ziel setzen

Inhalt

Der Zugang

Haben Sie sich, wenn Sie mit jemandem geschlafen haben, jemals gefragt: Soll das alles sein, was Sex zu bieten hat?

Haben Sie sich jemals unbefriedigt gefühlt, weil Ihr Partner schon wieder »gelandet« ist, bevor Sie überhaupt eine Chance hatten, »abzuheben«?

Ist Ihnen Sex in einer Beziehung jemals langweilig geworden, und haben Sie den Wunsch gespürt, jene Leidenschaftlichkeit zurückzugewinnen, durch die der Sex mit Ihrem Partner früher einmal aufregend war?

Haben Sie sich jemals gewünscht, im Innersten Ihres Wesens berührt zu werden, aber Angst gehabt, sich zu öffnen und verletzlich zu sein?

Haben Sie jemals Momente von Ekstase in der Liebe erlebt und später nicht mehr gewußt, wie Sie diese wiedererlangen können?

Wenn Sie eine dieser Fragen positiv beantwortet haben, werden Sie spüren, wie kostbar die Gipfelerfahrungen in der Liebe sind – diese ganz besonderen Augenblicke vor oder während des Orgasmus. Plötzlich fliegen Sie; Sie fühlen sich wunderbar lebendig, voller Licht und Lachen, geborgen in einem einzigen Augenblick, der ewig zu dauern scheint, in einem Raum, der Sie mit Ehrfurcht erfüllt. Diese seltenen, intensiven und oft unerwarteten Erfahrungen wecken unsere Energien neu und rufen in uns und unserem Partner Gefühle von Nähe und Dankbarkeit hervor.

Als Psychologin, die darauf spezialisiert ist, Menschen zu zeigen, wie sie ihre Sexualität reicher und tiefer erfahren können, habe ich mit Tausenden von Menschen auf der ganzen Welt gearbeitet, die ein tieferes Liebesleben erfahren wollten. Die meisten von ihnen hatten bereits Gipfelerfahrungen beim Sex oder wußten intuitiv, daß diese möglich sind.

Weil wir wissen, daß solche Augenblicke möglich sind, hoffen wir, wieder in deren Genuß zu kommen. Wir halten an der Vision einer zutiefst erfüllenden Umarmung voller Freude fest, in der die vibrierende Lust unseres Körpers zugleich die Wonne unseres Herzens und ein Zusammentreffen auf seelischer Ebene einschließt.

Solche Augenblicke werden oft beschrieben als ein Gefühl des »Dahinfließens«. Wenn Sie nachgeben und sich in einen Fluß hineinentspannen, weiß Ihr Körper, was zu tun ist, noch bevor Ihr Kopf darüber nachdenken kann. Sie vergessen alles um sich herum, Sie sind total versunken. Die Zeit scheint still zu stehen oder sehr schnell voranzuschreiten. Ihre Wahrnehmung wird erweitert. Bei den Berührungen Ihres Liebsten oder Ihrer Geliebten können kleine Wellen des Entzückens bis hinunter in Ihre Zehenspitzen laufen. In der Umarmung mit dem geliebten Menschen haben Sie das Gefühl, aus Ich und Zeit herausgespült zu werden. Ganz natürlich und leicht gelangen Sie in einen Zustand entspannter Wachheit, der mit Meditation vergleichbar ist.

Meine erste Gipfelerfahrung erlebte ich in Paris, meiner Heimatstadt, als ich achtzehn Jahre alt war, und sie schickte mich bis heute auf eine lange Reise des Studierens und Lehrens. Zu der Zeit war ich sehr verliebt in einen jungen amerikanischen Künstler namens Robert. Er entsprach ganz sicher dem üblichen Bild eines amerikanischen Mannes: Groß, stark, gutaussehend war es ihm ein leichtes, mich einfach »umzuhauen«. Unser Sex war roh, urwüchsig und wild und erfüllte meine Träume als Heranwachsende, wie ein »richtiger Mann« mit einer Frau umgehen sollte. Ich lernte aber zu der Zeit Yoga und machte auch meine ersten Erfahrungen mit subtilen Gefühlsdimensionen – stille, meditative, klare Stimmungen –, und ich begann mich zu fragen, wie es wäre, wenn ich diese Seinszustände in mein Sexleben einbringen würde.

Eines Abends, als wir uns auf die gewohnte heftige Weise liebten, sprach ich über meine Gefühle und sagte: »Bitte, Robert, mach langsamer; laß uns etwas Neues ausprobieren.« Wir hielten inne und entspannten uns, blieben aber miteinander verbunden, und Robert war weiter in mir. Ich lag auf ihm. Ich war aufgeregt, weil ich etwas Neues in Gang gebracht hatte und ihm die Verantwortung dafür, daß etwas geschah, abnahm. Das war ein subtiler Rollentausch, und ich spürte, wie er in eine femininere, empfänglichere Haltung überglitt. So verharrten wir mehrere Minuten lang entspannt, während wir gleichzeitig die sexuelle Erregung im ganzen Körper spürten. Schon bald fühlte ich, wie eine warme, glühende Energie meinen ganzen Beckenbereich durchflutete.

Wir wollten unsere sexuelle Erregung halten und kehrten daher, als sie abzuklingen begann, zu unserem üblichen Liebesverhalten zurück. Dann, unmittelbar vor dem Höhepunkt orgastischer Entladung, hielten wir inne, entspannten uns und wurden wieder ruhig. Diesen Ablauf wiederholten wir mehrmals, und dann geschah etwas völlig Unerwartetes. Plötzlich schienen wir beide in einem grenzenlosen Raum voller Wärme und Licht zu treiben. Die Grenzen zwischen unseren Körpern lösten sich auf und mit ihnen die Unterschiede zwischen Mann und Frau. Wir waren eins. Die Erfahrung wurde zeitlos, und wir schienen ewig so zu verharren. Es gab kein Bedürfnis nach einem Orgasmus mehr. Und auch keines danach, uns zu lieben. Es gab nichts zu tun, nichts zu erreichen. Wir waren in Ekstase.

Nach dieser außergewöhnlichen Erfahrung versuchte ich mehrmals, diesen ekstatischen Zustand wiederzuerlangen, während wir uns liebten, aber ohne Erfolg. Robert hatte das alles schnell vergessen, aber ich gewann allmählich das Gefühl, daß der übliche genitale Orgasmus nicht das einzig begehrenswerte Erlebnis in der Liebe war. Wie viele andere spürte ich die Frustration darüber, nur zehn Prozent meines Liebespotentials zu leben. Ich erkannte, daß die Lust der routinemäßigen oder auf Entspannung abzielenden Sexualität nicht alles war, tatsächlich war sie nur ein Anfang. Wie wäre es, fragte ich mich, wenn man beim Liebesakt die Bedingungen, die zu dieser Glückseligkeit führten, auf einer beständigen Basis wiederherstellen könnte? Ich beschloß, mich nach Wegen umzuschauen, ekstatische Zustände in Verbindung mit dem sexuellen Erleben herbeizuführen.

Die nächsten fünfzehn Jahre lang erforschte ich die großen Traditionen ekstatischer Sexualität. Ich entdeckte und entwickelte dabei einen einzigartigen Weg zu sexueller Ekstase, den ich »Hohen Sex« (High Sex) nenne. In diesem Buch lernen Sie diesen Weg vollständig kennen. Er bildete sich allmählich aus meinen Studien der zahlreichen traditionellen und innovativen sexuellen Praktiken im Osten und im Westen – auf drei Kontinenten – heraus. Hoher Sex ist ein einfacher, schrittweise vorgehender Prozeß für jeden, der einen sanften und bewußten Weg finden möchte, um die sexuelle Vereinigung als eine Brücke zwischen Körper und Seele zu erfahren.

Sexualität ist keine Freizeit- und Teilzeitaktivität. Sie ist eine Lebensart.

Alexander Lowen
Liebe und Orgasmus

Hoher Sex öffnet eine neue Dimension für den Orgasmus, für die der genitale Orgasmus nur einen Beginn darstellt. Hoher Sex inspiriert Sie, die ganze Bandbreite orgastischer Erfahrungen zu erforschen, die ihren Höhepunkt in der ekstatischen Vereinigung von Körper mit Körper und von Seele mit Seele finden. Dies bedeutet ein Erleben des ganzen Körpers, des ganzen Seins. Der Weg des Hohen Sex hilft Ihrem Körper, sich von Spannungen zu befreien, Ihrem Herzen zu vertrauen und sich zu öffnen, und Ihrem Geist, solche Fähigkeiten wie Visualisation, Imagination und Meditation zu entwickeln. Wenn diese Integration stattgefunden hat, sind Sie bereit für eine neue, qualitativ erweiterte sexuelle Erfahrung, in der die körperliche Lust zu einer Freude des Herzens und zu einer Ekstase des Geistes wird.

Mein Kurs über sexuelle Ekstase vermittelt Ihnen, wie Sie die energetische Aufladung halten können, die durch die sexuelle Erregung, welche sich üblicherweise auf die Genitalien konzentriert, erzeugt wird. Sie lernen auch, die Erregung bewußt durch den Körper zu lenken, wobei feine Kanäle benutzt werden, die den Meridianen in der Akupunktur vergleichbar sind. Wenn diese Energie Herz und Kopf erreicht, steht uns ein ganzes Spektrum an Gipfelerfahrungen offen. Der Orgasmus wird als Ekstase erlebt, die Lust durchflutet jede Pore Ihres Körpers, Ihr Herz tanzt vor Freude, Sie spüren Wohlbehagen und Frieden, und Ihre Energie weitet sich über die Grenzen Ihres Körpers hinweg aus.

Diese Erfahrung liegt nicht, wie viele glauben, außerhalb unserer Reichweite. Ekstase ist ein ebenso natürlicher Zustand wie Schlafen oder Atmen. Sie ist unser Geburtsrecht. Wir werden als Kinder ekstatisch geboren und empfinden die Welt als einen Ort voller Wunder. Wir sind nicht getrennt von den Dingen, sondern intuitiv und zutiefst mit allem verbunden, was uns umgibt. Wenn wir dann heranwachsen, verlieren wir dieses Gefühl des Einsseins. Laut Ronald D. Laing, einem Psychiater, der ekstatischen Zuständen sehr viel Aufmerksamkeit gewidmet hat, »geht die Anpassung an die Welt beim Kind mit dem Verzicht auf seine Ekstase einher«. Wir vergessen sie einfach. Mit der Betonung der Ekstase distanziert sich Hoher Sex von der sogenannten sexuellen Revolution, die in den sechziger Jahren begann. Bei jener Revolution ging es darum, Sexualität verfügbar zu machen. Sie war eine Rebellion gegen eine puritanische Haltung, die Sex außerhalb der Ehe verbot. So wurde die Sexualität um ihrer selbst willen frei erforscht. Durch die sexuelle Revolution fühlten sich mehr Menschen wohler dabei, mit mehreren Partnern zu schlafen und möglichst viele Techniken auszuprobieren. Tausende von Büchern und Artikeln erzählten uns, wir sollten intensivere Orgasmen haben, ihre Anzahl steigern, sie mit dem Partner zusammen erreichen und sie ausdehnen.

Vielen gelang das auch, wie aber Psychologen und Soziologen nachgewiesen haben, brachte dieser Zugang zum Orgasmus längerfristig keine Befriedigung mit sich, weder körperlich noch emotional. Sex zu »machen«, wie man andere Dinge auch »macht«, schien in gewisser Weise eine Selbstbeschränkung zu sein. Sex als Entladung, Unterhaltung oder Bestätigung für die eigene Attraktivität zu benutzen, richtet sich an Ego-Wünsche, lenkt uns aber von unserem wahren sexuellen Potential ab.

Heute ist das Thema nicht mehr die Verfügbarkeit von Sexualität, sondern die Transformation von Sexualität. Es geht nicht mehr um die flüchtige Lust um der Lust willen, sondern um die Heilung unseres ekstatischen Selbst in der Liebe. Wir entdecken erotische Glückseligkeit nicht dadurch, daß wir Sex von anderen höheren Anliegen abtrennen und lediglich als Entspannung betrachten, sondern indem wir die Kunst sexueller Ekstase kultivieren, um höhere Bewußtseinszustände zu erreichen und auf diesem Wege die Intimität mit unseren Geliebten zu vertiefen.

Zur Zeit meiner Pariser Liebesaffäre mit Robert studierte ich an der Sorbonne, um einen Magister in Psychologie und Philosophie zu machen. Ich erkannte bald, daß ich die Antworten, nach denen ich suchte, in den düsteren Winkeln der Lesehallen der Sorbonne nicht finden konnte. Das dort angebotene Wissen war viel zu theoretisch und abstrakt. Ich wollte Antworten, die ich kosten, erfahren und körperlich spüren konnte. Nachdem ich meinen Abschluß gemacht hatte, entdeckte ich voller Freude die konkreteren Methoden der Selbsterfahrung in den verschiedensten Körpertherapien und Selbstentfaltungsgruppen: Bioenergetik, Encounter, Rolfing, Gestaltpsychologie. Ich reiste zwischen London, New York und Kalifornien hin und her und arbeitete mit den führenden Therapeuten auf diesen Gebieten. Weil die »Kostprobe« von Ekstase zusammen mit Robert dem Zustand von Meditation gleichkam, den ich beim Yoga erlebt hatte, studierte ich auch drei Jahre lang integralen Yoga bei Swami Satchitananda.

1974 begegnete ich dem südamerikanischen Mystiker Oscar Ichazo und trat seiner spirituellen Schule bei, dem Arica Institut in New York, wo Kampfsportarten, Sufismus, die Lehren von Gurdjieff und weitere spirituelle Traditionen miteinander verbunden wurden. Im Arica begann ich zu verstehen, nach welchen Grundprinzipien die Energie im menschlichen Körper arbeitet, indem ich lernte, spezielle Energiezentren durch Licht, Farbe, das Singen heiliger Töne und die visuelle Wirkung von Symbolen und Bildern zu aktivieren.

Während dieser Zeit entdeckte ich Tantra, eine alte östliche Wissenschaft von der spirituellen Erleuchtung. Ich war sofort fasziniert, weil Tantra – anders als die meisten mystischen Wege – die Sexualität als Tor zur Ekstase und Erleuchtung mit einbezieht. Tantra wurde etwa 5000 v. Chr. in Indien durch den Kult um den Hindu-Gott Shiva und seine Gefährtin, die Göttin Shakti, geboren. Shiva wurde als die Verkörperung reinen Bewußtseins im Zustand höchster Ekstase und Shakti als die Verkörperung reiner Energie verehrt. Die Hindus glaubten, daß Shakti durch die spirituelle und sexuelle Vereinigung mit Shiva dessen Geist Form verlieh und das Universum erschuf. Tantra betrachtet also die Schöpfung der Welt als einen erotischen Liebesakt. Der freudige Tanz von Shiva und Shakti spiegelt sich in allen lebenden Wesen wider und manifestiert sich als Lust, Schönheit und Glück. Das ist im Tantra das Wesen des Göttlichen, die Wurzel alles Seienden.

Tantra entwickelte sich ursprünglich als Rebellion gegen den repressiven Sittenkodex der etablierten Religionen und die asketischen Praktiken der Brahmanen – der Priesterschaft der Hindus –, besonders gegen den weit verbreiteten Glauben, daß die Sexualität verleugnet werden muß, damit die Erleuchtung erreicht werden kann. Tantra heißt »weben« in dem Sinne, daß die vielfältigen und oft widersprüchlichen Aspekte des Ich zu einem harmonischen Ganzen verwoben werden. Tantra heißt auch »Ausdehnung«, mit der Bedeutung, daß wir uns ausdehnen und der Freude entgegenwachsen, wenn wir unsere eigenen Energien erst einmal verstehen und harmonisch vereinigen. Als eine Haltung, die immer rebellisch und nonkonformistisch war und die eine Herausforderung für Tabus und Glaubenssysteme darstellte, entwickelte Tantra viele Verzweigungen und beeinflußte nicht nur die Tradition des Hinduismus, sondern auch die taoistischen und buddhistischen Traditionen. Die westliche Religionsgeschichte beeinflußte Tantra durch den ekstatischen Kult um den griechischen Gott Dionysos um 2000 v. Chr.

Die großen Mystiker der tantrischen Tradition schockierten die breite Mehrheit der Gesellschaft und wurden oft verdammt und verfolgt. Charakteristisch für ihre Art zu lehren ist das, was die tibetische tantrische Tradition »verrückte Weisheit« nennt, ein Vorgehen, bei dem der Lehrer paradoxe Geschichten, scheinbar absurde Fragen und unerwartetes Verhalten dazu benutzte, Menschen zu necken, wachzurütteln, zu verblüffen und zu provozieren, ihre konventionellen Einstellungen fallenzulassen und sich für das ganze Spektrum des Lebens zu öffnen, ohne einen Unterschied zwischen heiligen und profanen Dingen, zwischen dem Spirituellen und dem Sexuellen zu machen.

Einer der außergewöhnlichsten tantrischen Mystiker war Saraha, der um das neunte Jahrhundert herum in Indien lebte. Zu seiner Zeit als großer Gelehrter und Philosoph geachtet, schockierte er alle Welt, so die Legende, als er zum Gefährten einer erleuchteten tantrischen Frau und Lehrerin wurde. Sie lebten auf einem Friedhof zusammen und tanzten und sangen mit einer solchen ansteckenden Ekstase, daß alle, die traurig dort

---

Die Erfahrungen oder das Verhalten von Schamanen, indischen Yogis und Sadhus oder spirituell Suchenden aus anderen Kulturen würden der westlichen Psychiatrie mehr als hinreichende Gründe für die Diagnose einer Psychose liefern. Andrerseits würde der indische Weise den unersättlichen Ehrgeiz, das irrationale kompensatorische Zwangsverhalten, die technologische Besessenheit, das moderne Wettrüsten, die Vernichtungskriege oder Revolutionen und Demonstrationen, die im Westen als normal gelten, als Zeichen für absolute Geisteskrankheit betrachten.

Stanislav Grof
Geburt, Tod und Transzendenz

---

eintrafen, um ihre Toten zu begraben, sich mitreißen ließen und erleuchtet wurden. Durch ihn, so sagte man, wurden der König und die Königin des Landes erleuchtet, und schließlich ging das ganze Königreich in eine Zeit großer Freude und großen Friedens ein.

Andere Größen der tantrischen Tradition waren die legendären Lehrer Marpa und Milarepa, die etwa im zehnten Jahrhundert in Tibet lebten, sowie Drupka Kinley, der um 1455 in Tibet geboren wurde, und Yeshe Tsoguel, eine erleuchtete Frau, die zu ihrer Zeit »die Himmelstänzerin« und »der Weibliche Buddha« genannt wurde. Sie war die Gefährtin des Buddha Padmasambhava im Tibet des achten Jahrhunderts.

Ich war fasziniert von den Geschichten, die die tantrischen Schriften erzählten. Ich wollte Lehrer finden, die den tantrischen Geist verkörperten und danach lebten. Während der nächsten Jahre fuhr ich fort, viele verschiedene spirituelle Disziplinen zu erkunden. Ich lernte viele Methoden der Selbstentfaltung von Grund auf kennen und stellte fest, daß ich eine natürliche Begabung dafür hatte, ihre wesentlichen Wahrheiten herauszudestillieren und in einem praktischen Kurs zusammenzuführen, von dem andere Menschen profitieren konnten. 1973 begann ich in Europa und den Vereinigten Staaten Seminare zu leiten, wobei ich mich darauf konzentrierte, die physischen, mentalen und emotionalen Ebenen gleichgewichtig miteinander zu verbinden.

Ich reiste weiterhin durch Asien, Europa und die Vereinigten Staaten wie eine Anthropologin bei der Feldforschung nach Hinweisen auf eine vergessene Kultur, in der Sexualität und Spiritualität vereinbar waren. Ich begegnete außergewöhnlichen Lehrern, Schamanen, Mystikern – Männern wie Frauen. Osho Rajneesh gehört für mich sicherlich zu den bedeutendsten! Ich hatte das Glück, von einigen in Europa, in den Vereinigten Staaten und in Indien persönlich unterrichtet zu werden. Im Verlaufe dieses intensiven Trainings lernte ich, wie man Sexualität, Meditation und Liebe miteinander in Einklang bringt. Während der Zeit mit Osho hatte ich tiefgreifende Erfahrungen, die mir zeigten, wie Meditation hochekstatisch werden kann, vergleichbar mit dem Erlebnis eines Orgasmus ohne Sex.

Nach und nach baute ich vieles von dem, was ich gelernt hatte, in meine eigenen Seminare ein. Aus diesen Seminaren entwickelte sich ein Jahrestraining, das »SkyDancing Training für Eksase und Liebe (T.E.L.)«, das ich im Rahmen des von mir gegründeten SkyDancing Instituts in Europa, in den Vereinigten Staaten und in Indien anbiete. Das Training besteht aus verschiedenen Zyklen, die über ein Jahr verteilt abgehalten werden und in denen die Teilnehmer als Gruppe zusammenkommen, um zahlreiche Praktiken zu lernen, mit denen sie ihre Sexualität »heilen« und mehr Freude in ihrem Leben erfahren können. In der Zeit zwischen den Seminaren üben sie, was sie gelernt haben, und bereiten sich auf den nächsten Zyklus vor. Das Training hat zahlreichen Menschen in vielen Ländern die Tür zu persönlichen und direkten Erfahrungen von Ekstase in der Liebe geöffnet. Dieses Buch stellt die Praktiken vor, die ich im Einjahreskurs anbiete.

Was ist mit Tantra im Rahmen dieses Buches gemeint? Weil die Wissenschaft des Tantra vor Tausenden von Jahren entwickelt wurde, bot sie den Menschen Methoden an, die ihrer damaligen Kultur entsprachen. Nachdem ich bis zu einem gewissen Grade in den klassischen tantrischen Methoden ausgebildet wurde und die Schriften studiert hatte, bekam ich das Gefühl, daß viele dieser Techniken für die Erfordernisse der zeitgenössischen westlichen Liebenden nicht von Bedeutung sind. Ich halte es zum Beispiel für unnötig, lange Sanskrit-Mantras zu rezitieren, über längere Zeit unbequeme Meditationshaltungen einzunehmen, komplexe Mandalas zu entwerfen oder aus dem Liebesakt ein strenges Ritual zu machen. Beim Studieren der Traditionen erkannte ich, daß sie nicht nur unglaublich komplex sind, sondern sich oft auch widersprechen und westlichen Liebenden einen Dschungel widersprüchlicher Lehren bieten, in dem sie sich sehr schnell hoffnungslos verirren.

Während ich also das tantrische Ziel sexueller Ekstase beibehielt, habe ich neue Methoden entwickelt, um diese Erfahrung Menschen von heute zugänglich zu machen. Hoher Sex verknüpft die Disziplinen der Sexologie und der humanistischen und transpersonalen Psychologie miteinander, um den Menschen im Westen die Erfahrung sexueller Ekstase zu schenken, die Tantra lehrte, setzt aber neue und zeitgenössische Mittel dafür ein. Was dieses Training so wirkungsvoll macht, ist nicht eine Technik, sondern der kombinierte, zusammenwirkende Effekt dieser zahlreichen verschiedenen Methoden. Dieses Training weckt in hohem Maße positive Emotionen, Vitalität und die verborgenen Kräfte des Gehirns und schenkt uns Zugang zu ekstatischen Zuständen, die in die sexuelle Erfahrung integriert werden können.

Die Methoden, die ich in diesem Buch empfehle, sind also nicht das Erbe einer bestimmten tantrischen Tradition, Schule oder Schrift. Aus diesem Grund habe ich beschlossen, mein Training Hohen Sex und nicht Tantra zu nennen. Für das Training, das Ihnen in diesem Buch angeboten wird, müssen Sie keinen bestimmten religiösen Glauben wie den Hinduismus, Yoga oder den Buddhismus übernehmen.

Mit diesem Buch haben Sie die Gelegenheit, viele Methoden zu entdecken, die Menschen aller Altersstufen – von Teenagern bis zu Sechzigjährigen, die im Herzen jung geblieben sind – mit Erfolg praktiziert haben. Meine Erfahrung als Lehrerin ist, daß jeder, der sie lernt, die heilende Natur der Ekstase spüren kann. Ich habe beobachtet, daß ekstatische Erfahrungen – vor allem in Verbindung mit Sex – zwanghafte Eifersucht sowie geringe Selbstachtung, Streß, kränkelnde Ehen, Schüchternheit, Drogenabhängigkeit und sogar Eßsucht lindern oder heilen. Ich habe auch gesehen, wie die Beziehungen von Paaren, die sich in jeder Hinsicht miteinander langweilten, plötzlich zu völlig neuen Liebesaffären aufblühten, mit einer offenen Verständigung von Herz zu Herz, einer neuen sexuellen Intimität und einer grundlegenden spirituellen Verbindung, die ihrem gemeinsamen Leben eine neue Bedeutung und Erfüllung verlieh.

Ekstase ist möglich und wirkt. Aber sie ist lange Zeit nicht genutzt worden. Es ist an der Zeit, sie wiederzuentdekken. Ein Augenblick der Ekstase kann Ihr ganzes Leben verwandeln.

Wie Sie nach diesem Buch vorgehen können

Das Praktizieren der Übungen

Ich schlage Ihnen vor, bevor Sie mit dem Training des Hohen Sex anfangen, wie Reisende, die eine Expedition planen, das Buch einmal ganz durchzulesen, um sich mit dem Gefilde, das Sie besuchen werden, schon etwas vertraut zu machen und die Sprache zu lernen, die in diesem Zauberland gesprochen wird.

Reisende, die ihre Erfahrungen aufzeichnen möchten, um sich später einmal daran zu erinnern, legen sich ein Tagebuch an. Schaffen Sie sich ein schönes Buch an, das in lockende, sinnliche Farben und ebensolches Material gebunden ist. Hier halten Sie Ihre Beobachtungen fest, beschreiben Ihre Erfahrungen, notieren, was Sie am meisten interessiert, schreiben vielleicht sogar erotische Gedichte auf und kleben Fotos und Bilder ein, die die erweiterte Wahrnehmung illustrieren, zu der Sie während dieses Trainings gelangen können.

Sie können Ihr »Ekstase-Tagebuch« zum Beispiel anfangen, indem Sie die Seite mit einem Längsstrich unterteilen und über die linke Seite oben folgende Frage schreiben: »Was will ich an meinem Liebesleben und an meiner Sexualität verändern?« Darunter listen Sie die entsprechenden Aspekte auf. Wenn Sie damit fertig sind, schauen Sie sich dieses Buch noch einmal durch und schreiben auf die rechte Seitenhälfte untereinander die Übungen, mit denen Sie die links aufgelisteten Wünsche verwirklichen können.
Zum Beispiel:

1. **Ich möchte, daß mein Partner dieses Training in Hohem Sex mit mir zusammen macht.**
   Erst allein, dann gemeinsam werden wir unseren »Inneren Geliebten« (Seite 47f.) erwecken und uns gegenseitig das »Ritual des sinnlichen Erweckens« aus dem vierten Kapitel (Seite 83f.) bescheren.
2. **Ich möchte offener darüber sprechen, was ich im Sex fühle und brauche.**
   Erst allein, dann gemeinsam werden wir die Übungsfolge »Wider-

stände überwinden« aus dem dritten Kapitel (Seite 31f.) praktizieren.

3. **Ich möchte in Sexualität und Erotik mehr wagen.**
   Wir werden zusammen die »tanzenden Götter« aus dem vierten Kapitel (Seite 84f.) erleben sowie die »Zeremonie für die Anerkennung des Körpers« aus dem fünften Kapitel (Seite 105 bis 112) und die »Selbstliebe-Rituale« aus dem siebten Kapitel (Seite 167 bis 200) durchlaufen.

Wenn Sie Ihre Wünsche aufschreiben und herausfinden, mit Hilfe welcher Übungen sie sich erfüllen lassen, entwickeln Sie das Vertrauen und die Motivation, Ihr Training in der Kunst sexueller Ekstase zu beginnen.

Sie müssen nicht befürchten, daß das Training in diesem Buch von Ihnen verlangt, irgendeinen Teil Ihres bisherigen Sexlebens aufzugeben. Vielmehr bietet es Ihnen für alles, was Sie augenblicklich in der Sexualität genießen, neue und bereichernde Wege. Sie können dabei nichts falsch machen. Sie gehen auf Ihre eigene Weise vor, in Ihrem eigenen Tempo und mit Respekt vor Ihren eigenen Erfahrungen.

Der Weg zum Hohen Sex führt nicht über Anstrengungen oder Eroberungen, sondern über die Erkenntnis, daß wir bereits haben, was wir brauchen, um unser Leben voll Lust und Freude leben zu können. Sie können also sofort damit anfangen.

Die vorgegebene Übungsfolge einhalten

Auch wenn Sie nach der ersten Lektüre ganz bestimmte Übungen im Auge haben, die Sie reizen, das Training zu machen, ist es doch sehr wichtig, die Übungen in der vorgegebenen Reihenfolge durchzuführen, Schritt für Schritt, Kapitel für Kapitel. Wenn Sie bereits andere Selbstentfaltungsgruppen gemacht haben, kennen Sie vielleicht einige der Übungen bereits, und diese fallen Ihnen leicht. Lassen Sie trotzdem keinen Schritt auf dem Weg aus.

Bei der Frage, ob Sie Fortschritte machen, sollten Sie bedenken, daß der erste Schritt Übung ist, der zweite Schritt Freude und Genuß und der dritte Schritt die Integration. Wenn Sie das Gefühl haben, sich über Anstrengung und Konzentration des Übens hinaus auf die reine Freude an einer Übung zuzubewegen, wenn Sie auf dem Wellenkamm der Energie reiten, die durch diese Übung ausgelöst wird, dann wissen Sie, daß sie für Sie gut ist. Lassen Sie sich nicht entmutigen, wenn bestimmte Übungen Ihnen anfangs schwierig erscheinen. Wie ein Flugzeugpassagier, dessen Maschine an einem nebligen Morgen startet, können auch Sie vielleicht so lange nichts sehen, bis Sie eine bestimmte Höhe erreicht haben. Und plötzlich stoßen Sie durch die Wolken in einen blauen Himmel vor, an dem die Sonne scheint. Dann können Sie das Gelernte in Ihr

Liebesspiel integrieren, und es gehört fortan zu Ihnen. Sagt Ihnen Ihr Gefühl, daß Sie diese Stufe erreicht haben, können Sie zur nächsten Übung weitergehen.

Das Üben

Mit diesem Buch verlernen Sie alte Gewohnheiten und nehmen sehr viel Neues auf, haben Sie also Geduld mit dem neuen »Stoff« und mit sich selbst. Sie werden das Training nicht an einem Wochenende und auch nicht in einer Woche absolvieren können. Wenn ich mit einer Gruppe intensiv arbeite, dauert das Training in Liebe und Ekstase dreißig Tage. Wenn Sie allein oder mit einem Partner zusammen in Ihrem eigenen Rhythmus vorgehen, brauchen Sie wahrscheinlich noch länger.

Dieses Buch enthält etwa fünfzig Übungen, die zwischen fünfzehn und neunzig Minuten dauern, das sind ungefähr fünfundsiebzig Stunden. Sie werden Ihre Woche planen und bestimmte Zeiten für die Übungen vorsehen müssen. Oder Sie nehmen sich ein Wochenende im Monat für den Hohen Sex frei. Machen Sie sich zu Beginn jeder Sitzung sowohl ein klares Bild davon, was Sie erreichen wollen, als auch von den Übungen, die Sie machen werden, und schaffen Sie sich eine festliche und intime Atmosphäre. Versetzen Sie sich an diesem Abend in eine Stimmung von Erwartungsfreude und Aufregung, als sollten Ihre Flitterwochen noch einmal beginnen. Sie können zu Hause oder auswärts üben. Die Qualität der Umgebung zählt, nicht der Ort als solcher.

Gehen Sie gründlich vor. Solange Sie die Übungen in diesem Buch nicht mit ganzem Herzen machen, bleibt alles bloßes Gerede und Theorie ohne die Würze des eigenen Erlebens. Meiner Erfahrung nach ist es am besten, wenn Sie mit Abenteuerlust an die Übungen herangehen und sich sagen: »Ich werde etwas Neues entdecken, ich werde die Reise bis zum Ende machen und dabei mehr über mich erfahren.« Versuchen Sie auch, sich eine Art Unschuld zu bewahren, indem Sie sagen: »Ich werde mich nicht mit anderen vergleichen oder mir einbilden, eine bestimmte Übung schon zu kennen, bevor ich überhaupt eigene Erfahrungen damit gemacht habe.«

Die neue energetische Ebene, zu der dieses Buch Ihnen verhilft, können Sie nur durch Üben gewinnen und halten. Vielleicht machen Sie bestimmte Übungen mehrmals und haben das Gefühl, daß dabei überhaupt nichts passiert. Und dann, ein paar Tage später, während Sie Beschäftigungen nachgehen, die mit dem Training überhaupt nichts zu tun haben, oder während Sie mit Ihrem oder Ihrer Liebsten schmusen, geschieht etwas Neues für Sie: Sie atmen tiefer, ohne überhaupt darüber nachzudenken, Sie fühlen sich erregter oder spüren die Erregung in neuen Körperbereichen, Ihre Genitalien sind lebendiger als jemals zuvor, oder Sie gehen mit Ihrem Partner geduldiger und humorvoller um.

Allein üben

Viele Menschen, die mein Training besuchen – vor allem Frauen –, glauben, daß es von größter Wichtigkeit ist, einen Partner zu haben. Aus diesem Grund fühlen sie sich anfangs entmutigt, wenn sie keinen finden. Aber Sie können fast sämtliche Schritte dieses Trainings allein machen. So können Sie zum Beispiel die Herz-zu-Herz-Begrüßung in Kapitel 2 statt mit Ihrem Partner mit sich vor einem Spiegel durchführen. Statt die Fragen in Kapitel 3 in einem Dialog zu beantworten, arbeiten Sie einfach mit einem Kassettenrecorder oder schreiben die Antworten in Ihr Tagebuch. Für die Übungen in Kapitel 8 und 10 brauchen Sie einen Partner, aber selbst die Übungen für Fortgeschrittene in Kapitel 11 und 12 können Sie allein machen.

Gehen Sie bitte, falls Sie sich nach einem Partner umschauen, nicht mit der Haltung auf die Suche, *den* »idealen« Mann zu finden, mit dem Sie gleich zum kosmischen Orgasmus gelangen. Ideale Partner sind ein reines Phantasieprodukt. Wenn Sie auf dem Boden bleiben, offen für Kontakte sind, Ihre Wärme und Begeisterung den Menschen zeigen, die Sie kennen und denen Sie vertrauen, werden Sie sicher jemanden finden, der Sie unterstützt und mit dem Sie diese Abenteuerreise gemeinsam erleben können.

Mit einem Partner zusammen üben

Auch wenn Sie das Training in diesem Buch alleine machen können, ist es doch besonders für Paare von Nutzen. Schritt für Schritt gemeinsam voranzugehen, entspricht der gegenseitigen Unterstützung beim Erlernen einer neuen Sprache. Meiner Erfahrung nach sind Menschen, die in einer liebevollen Beziehung leben, bei diesem Training im Vorteil, weil sie sich bereits darauf eingelassen haben, miteinander zu wachsen.

Wenn Sie zusammenkommen, um gemeinsam zu üben, gibt es oft Momente von Beklommenheit oder Nervosität. Auch wenn Sie den Wunsch nach einer wirklichen Herzensverbindung haben, kann die konkrete Aussicht als bedrohlich erscheinen. Widerstände und Spannungen können sich in Form von plötzlichen Rückenschmerzen äußern, in krampfhaftem Lächeln oder in Ausreden. Aus diesem Grunde empfehle ich Ihnen, sich erst einmal zusammen zu entspannen. Das Treffen zum Zweck des Übens beginnt mit einer Ruhepause, in der Sie sich die Zeit nehmen, von einem geschäftigen Tag langsam abzuschalten, sich zu entspannen und Vertrauen zu entwickeln. Wenn Sie sich von Ihrer eigenen Mitte aus begegnen, wird die Erfahrung erfreulicher, gewinnt Ihre Begegnung an Tiefe und Ihr Üben an Wirksamkeit.

Bei dieser Einstimmung auf sich selbst lassen Sie zunächst einmal sämtliche negativen Gedanken oder Spannungen los, die den Energiefluß zwischen Ihnen beiden behindern könnten. Ich vergleiche diese innere Einstimmung oft mit dem Tauchen in unbekannten Gewässern. Dabei klären Sie auch zunächst einmal, wo Sie unbedenklich springen können, Sie erforschen die Umgebung, die Strömungen und die Tiefe des Wassers, überprüfen Ihre Atmung und Ihre innere Entschlossenheit. Dieses Einstimmen bringt Sie in Ihre Mitte zurück und gibt Ihnen das Gefühl, innerlich entspannt und bei sich zu sein. Erst dann können Sie sich auch mit Ihrem Partner verbinden. Hat Ihr Partner das Gefühl, daß Sie bei sich sind, fühlt er sich mit Ihnen sicher genug, um sich Ihnen öffnen und Ihnen vertrauen zu können.

Beim Experimentieren und Spielen mit Ihrem Partner werden Sie Augenblicke von tiefer Verschmelzung und Gemeinsamkeit erleben. Aus diesem Grund schlage ich Ihnen vor, zu Beginn und am Ende jeder Übung Ihre Energie wieder in sich selbst zurückzunehmen und in Ihre eigene Mitte zurückzukehren, damit Sie sich nicht »vergessen« und sich im anderen nicht verlieren. Dieses Vorgehen hilft Ihnen, beim Training Ihre Selbständigkeit und Unabhängigkeit zu bewahren.

Mit einem gleichgeschlechtlichen Partner üben

Obwohl ich mich in diesem Buch an heterosexuelle Paare wende, weiß ich aus Erfahrung, daß die Übungen auch für gleichgeschlechtliche Partner von Nutzen sein können. In den alten Traditionen heiliger Sexualität der Hindus und Griechen gab es keinerlei moralische Verurteilung der gleichgeschlechtlichen Liebe.

Einen widerstrebenden Partner zum Hohen Sex verlocken

Unser Training bringt Ihnen auch die Kunst bei, einen widerstrebenden Partner zu den Wonnen des Hohen Sex zu verlocken und zu verführen. Lassen Sie sich nicht davon entmutigen, wenn Ihr Partner nicht mitmachen möchte, und versuchen Sie nicht, auf seiner Teilnahme zu beharren, denn dadurch entwickelt er wahrscheinlich noch mehr Widerstände. Betrachten Sie den Widerstand Ihres Partners vielmehr als Herausforderung an sich, die Kunst des Verführens zu lernen. Auch das ist Teil Ihres Trainings in der Kunst sexueller Ekstase. Probieren Sie erst einmal die Übungen allein aus. Wenn Sie Ihre neu gelernten Fähigkeiten dann beim Liebesspiel einsetzen, ohne Ihrem Partner unbedingt davon zu erzählen, können Sie Ihre Erfahrungen beträchtlich vertiefen. Ihre wachsende Fähigkeit zum Selbstgenuß kann sich als sehr viel größere Anziehungskraft für den Hohen Sex erweisen, als alles, was Sie darüber erzählen.

Dann können Sie reizvolle Überraschungen vorschlagen, zum Beispiel einen Abend, der nur der Entspannung und dem Liebesspiel gehört. Dafür können Sie eine der Übungen vorschlagen, die zu Ihrer Stimmung gerade am besten paßt, ohne unbedingt zu erwähnen, daß sie aus diesem Buch stammt. Sie werden entdecken, daß das Buch viele Übungen enthält, die sich dafür bestens eignen, wie zum Beispiel das »Ritual des sinnlichen Erweckens« in Kapitel 4. Ihren Partner auf diese sinnliche Weise zu beschenken, ist eines; die Kunst des Gebens ein anderes. Nachdem Sie Ihren Partner verwöhnt haben, können Sie die Rollen tauschen und selbst um ein Geschenk bitten. Machen Sie Ihre Bedürfnisse, zum Beispiel nach einer Massage oder einem intimen Gespräch, deutlich.

Sicherer Sex

Beim Hohen Sex liegt die Betonung darauf, unser Liebesleben gesünder, ganzheitlicher und glücklicher zu gestalten, und in dieser Vision ist kein Platz für Verhaltensweisen, die die Übertragung von Krankheiten fördern. Um sicherzugehen, daß Ihr sexueller Genuß Ihrer Gesundheit nicht schadet, und zwar nicht nur, während Sie mit den Übungen dieses Buches experimentieren, sondern auch in Ihrem täglichen Leben, empfehle ich Ihnen, bevor Sie mit den Übungen anfangen, den Anhang über sicheren Sex am Ende dieses Buches zu lesen und die Vorschläge sorgfältig zu befolgen.

Im gegenwärtigen Augenblick bleiben

Der Schlüssel für das Erlebnis sexueller Ekstase, ob allein oder mit einem Partner, liegt darin, ganz darin aufzugehen, was Sie im Hier und Jetzt tun, und sich diese Haltung bei jedem Schritt zu bewahren. Das heißt, die nächsten Schritte nicht in Gedanken schon vorauszunehmen, sich nicht darum zu sorgen, ob Sie Fortschritte machen, und Ihre augenblickliche Erfahrung nicht mit der gestrigen zu vergleichen.

Vielleicht wissen Sie so viel über Meditation, daß Sie den Gedanken, in jedem Augenblick gegenwärtig zu sein, schätzen können; aber ein intellektuelles Verstehen ist nicht dasselbe wie dessen praktische Umsetzung. Der gegenwärtige Augenblick ist für uns schwer faßbar geworden. Unsere zielorientierte Kultur bringt uns bei, daß das Glück selten in der Gegenwart stattfindet, sondern immer erst hinter der Ecke auf uns wartet. Die Folge ist, daß wir unser Denken meistens auf zukünftige Ereignisse ausrichten. Wir müssen geistig wach sein, um diese Gewohnheit aufzugeben und zu erkennen, daß der gegenwärtige Augenblick der einzige reale Augenblick ist – die einzige Realität, die Sie wirklich fühlen und erfahren und von der Sie wirklich lernen können. Sexuelle Ekstase wird möglich, wenn Sie ganz in der Fülle des gegenwärtigen Augenblicks aufgehen, so daß nichts anderes mehr für Sie existiert. Sie finden im Buch immer wieder Hilfen dazu.

Die problemorientierte Haltung aufgeben

Zunächst mögen Sie der Idee von Ekstase beim Sex skeptisch gegenüberstehen. Viele Menschen glauben, sie müßten zuerst einmal ernsthafte Probleme lösen, bevor sie an Ekstase auch nur denken können. Manche haben zum Beispiel das Gefühl, ihre Partner nicht befriedigen zu können, daß sie zu schnell ejakulieren, nicht attraktiv genug sind oder überhaupt nichts empfinden. Viele dieser Probleme hatte ich selbst, und ich habe sie mit Hilfe des hier beschriebenen Trainings überwunden.

Das Geheimnis des Hohen Sex liegt darin, mit der natürlichen Vollkommenheit Ihres ekstatischen Wesens in Kontakt zu kommen und sie zu feiern, indem Sie lernen, Ihre Sexualität – und tatsächlich auch Ihr Leben – als einen Tanz zu genießen, in dem Sie Ihre spontane, sinnliche, lebenssprühende Seite entdecken und Ihr Ausdruck verleihen. Das kommt Ihnen vielleicht im Augenblick ganz unwahrscheinlich vor, aber die Erfahrung hat mir immer wieder gezeigt, daß es Menschen viel mehr hilft, sich auf das zu konzentrieren, wobei sie sich wohl fühlen und was sie in ihrem Leben tatsächlich weiterbringt, als ständig in scheinbar unlösbaren Schwierigkeiten herumzurühren. Wenn ein Klient sich bei mir über seine Schüchternheit, seine Erektionsprobleme oder andere Behinderungen beklagt, sage ich immer: »Vergessen wir das jetzt einmal, und konzentrieren wir uns auf all die positiven Gedanken und Übungen, die Ihnen Kraft geben und Ihr Selbstbewußtsein stärken, damit Sie sich wohl fühlen können.«

Dieses Buch bietet Ihnen keine Schnelltherapie oder Patentkur bei funktionellen sexuellen Störungen. Es beruht vielmehr auf der Überzeugung, daß sowohl sexuelle Heilung als auch persönliches Wachstum durch Lust und Freude bei weitem leichter geschehen als durch die »Arbeit« an Problemen. Dabei konzentrieren Sie sich auf das, was für mich die gründlichste Lösung fast sämtlicher sexuellen Schwierigkeiten darstellt – eine neue Einstellung, die davon ausgeht, daß Sie als Individuum bereits ganz und gesund *sind* und die natürliche Fähigkeit zu intensivem Genuß und tiefer Freude haben. Sie müssen lediglich Ihre Sichtweise ändern und sich darin unterstützen lassen, Ihr unbegrenztes Potential für Lust und Freude auszuschöpfen.

Widerstände überwinden

Zu bestimmten Zeiten stoßen Sie vielleicht auf Widerstände oder haben den Eindruck, daß Sie gar nichts fühlen, und befürchten, daß »es nicht klappen wird«. Oder Sie erleben im Verlauf einer Übung ein Anwachsen Ihrer Lebenskraft, das Ihnen völlig neu ist, ähnlich wie bei einem Jogger, der bis zu dem Punkt läuft, wo er das Gefühl hat, daß seine Lungen platzen – was eher ein subjektiver Eindruck als ein objektiver Tatbestand ist. Wenn das geschieht, können Sie in Versuchung geraten, das Üben abzubrechen.

Betrachten Sie jeden auftauchenden Widerstand als Gelegenheit, etwas über Ihre eigene innere Weisheit zu erfahren. Sie werden große Veränderungen durchleben, sich alten Verhaltensmustern stellen und die Überzeugungen in Frage stellen, mit denen Sie aufgewachsen sind. Sexuelle Ekstase wurde uns nicht beigebracht. Unsere Sexualität wurde in wohldefinierten Verhaltensgrenzen gehalten, die streng bemessen, analysiert und aufgeteilt sind. Ordnung und Berechnung trennen das Gute vom Schlechten, das Heilige vom Profanen, das Erlaubte vom Verbotenen.

Der einzige Unterschied zwischen einem Weisen und einem Narren liegt darin, daß der Weise sich darüber im klaren ist, daß er spielt.

Fritz Perls

Hoher Sex ist der Ruf, diese Grenzen zu überschreiten. Zu Anfang fühlen Sie sich vielleicht, als ob Sie völliges Neuland beträten. Das kann Ihnen gefährlich vorkommen. Sie verlassen das Altbekannte und haben noch keinerlei Erfahrung mit dem Neuen. Das ist der Zeitpunkt, sich zu fragen: Ist mein Liebesleben befriedigend? Und wenn nicht, was bin ich bereit zu tun, um es zu verändern? Wir werden zusammen die Einstellungen und Verhaltensweisen ändern, durch die Sie sich bislang von Ihrem innersten, ursprünglichen und natürlichen Seinszustand abgetrennt haben: von der Ekstase.

Sollten Sie das Gefühl haben, über Ihre Grenzen hinaus gefordert zu werden, dann denken Sie daran, daß Tausende von Menschen, junge wie alte, die dieses Training gemacht haben, sich genauso gefühlt haben wie Sie und trotzdem ihr Zögern überwunden haben. Haben Sie Vertrauen in das, was sich entfaltet, und gehen Sie einfach noch ein Stückchen weiter.

Manchmal haben Sie vielleicht auch das Gefühl, daß dieses Buch Sie mit ungewöhnlichen und völlig neuen Sichtweisen konfrontiert oder daß ich Ihnen etwas vorschlage, das Ihnen merkwürdig vorkommt. In diesem Fall werde ich Sie – wie ich es auch bei meinen Klienten tue – bitten, Ihre augenblickliche Meinung außer Kraft zu setzen und, wie es in der Tradition des Zen heißt, »Ihre Tasse zu leeren«, um sich das neue Wissen im Geist von Neugierde und Unschuld aneignen zu können.

Ein weiser Lehrer bat mich einmal, ihm eine Frage zu beantworten. Mein Unterbewußtes hatte Widerstände. Ich konnte nicht antworten und sagte ihm das. »Gut, aber wenn Sie die Antwort *wüßten*, wie *würde* sie dann lauten?« fragte er mich, um mich zu unterstützen. Da löste mein Widerstand sich einfach auf, und ich wußte, was ich zu sagen hatte.

Stellen Sie sich, wenn Sie im Verlauf dieses Trainings zögern, also vor, daß ich als Ihre freundliche Begleiterin ebenfalls zu Ihnen sage: »Gut, wenn Sie aber den nächsten Schritt tun *wollten*, wie *würden* Sie dann vorgehen?« Dann werden Sie die Antworten finden.

Seien Sie spielerisch und unbeschwert

Mit Verspieltheit drückt sich das unschuldige Kind aus, das wir alle in uns tragen. Verspielt heißt, daß Sie Spaß mit sich haben – auch wenn Ihre Absichten, die Methoden des Hohen Sex zu erforschen und zu erlernen, durchaus ernst sind. Wenn Sie an Ihren Humor appellieren, können Sie das Gefühl vertiefen, im Fluß zu sein und sich selbst zu akzeptieren. Diese spielerische Haltung trägt Sie über einen gewissen Eigendünkel hinweg – »Es muß unbedingt so laufen, wie ich will, anders geht es auf keinen Fall«, oder: »Ich muß das können, sonst hält sie mich für eine Niete.« Wenn Sie das Lernen spielerisch angehen, wird das Training für Sie nicht nur leichter, sondern auch sehr viel effektiver.

Wenn Sie jedoch Angst spüren, suchen Sie nach Gründen, identifizieren und benennen Sie Ihre Gefühle. Drükken Sie sie aus, spüren Sie sie, lassen Sie sie zu. Es ist interessant, daß die älteste Bedeutung des englischen Wortes fear (dt. Furcht, Angst) »hindurchgehen« lautet; wenn Sie also dieser Bedeutung folgen, werden Sie verstehen, daß es Teil Ihres Wachstumsprozesses ist, durch die Angst hindurchzugehen, statt sich zurückzuziehen, wenn sie auftritt. Wenn Sie durch die Angst hindurchgehen, werden Sie erleben, wie blockierte Energie frei wird und die lustvollen Gefühle anwachsen. Dann werden Sie begreifen, daß Angst ein guter Lehrmeister ist.

Ich meine damit jedoch nicht, daß Sie Ihre Grenzen nicht beachten sollen. Wenn Sie an einen Punkt gelangen, an dem Sie das Gefühl haben, überfordert zu sein, sollten Sie sich selbst vertrauen, die Übung sanft abbrechen und dabei die Vorgehensweisen befolgen, die in diesem Buch für solche Situationen vorgeschlagen werden. Sie sollten eine Übungssitzung jedoch nicht aufgrund einer negativen Bemerkung oder einer plötzlichen Unterbrechung von außen beenden, weil das dem Prozeß von Ausdehnung, Entspannung und Vertrauen entgegenwirkt.

Die Zauberkraft des Klangs

Musik kann Stimmungen hervorzaubern, die die Wirkung der Übungen beträchtlich steigern. Je nach Tempo, Tonlage und Harmonik kann Musik den Rhythmus der Blutzirkulation verlangsamen oder beschleunigen, das Nervensystem anregen oder beruhigen und unsere intuitiven Fähigkeiten stärken. Die Musik, die ich im Anhang aufgeführt habe, wurde für diese Zwecke zusammengestellt, aber Sie müssen sich nicht auf meine Vorschläge beschränken. Legen Sie sich Ihre eigene Klangbibliothek zu, so daß Sie sich auf einen Knopfdruck hin fühlen können, als schritten Sie durch eine prächtige Kathedrale, in der Engelschöre singen, als nähmen Sie am rhythmischen Tanz eines afrikanischen Eingeborenenstammes teil, als segelten Sie verträumt auf einer Wolke oder stünden am Meeresufer.

Ein Wort zur Sprache

Ich habe versucht, die Terminologie der östlichen spirituellen Praxis, die nicht so geläufig ist oder die zu falschen Interpretationen führen könnte, soweit wie möglich zu vermeiden. Statt dessen habe ich möglichst oft westliche Begriffe benutzt oder meine eigene Unterrichtssprache entwickelt. So spreche ich zum Beispiel nicht vom Erwachen der Kundalini-Energie, sondern vom Erwecken der ekstatischen Reaktion. Das scheint mir praktischer und sachlicher und entspricht meinem Wunsch, Tantra den Menschen im Westen zugänglich zu machen, denen die ekstatischen Traditionen des Ostens unbekannt sind.

Trotzdem habe ich ein paar Begriffe beibehalten, die Ihnen fremd sein könnten. Für die Worte *Penis* und *Vagina*, die ich für kalt, klinisch und unpassend für den Zauber und die Poesie der erotischen Liebesbeziehungen halte, habe ich manchmal das tibetanische Wort *Vajra* für den Penis und das indische Wort *Yoni* für die Vagina benutzt. Diese und andere Begriffe werden im Text selbst erklärt.

Wenn es Ihnen aus irgendeinem Grund widerstreben sollte, diese Worte zu benutzen, können Sie natürlich weiterhin die deutschen Begriffe benutzen. Aber bitte experimentieren Sie zunächst einmal mit meinen Ausdrücken. Die Erfahrung hat mir gezeigt, daß das helfen kann, eingefahrene Verhaltensmuster zu durchbrechen, die sprachbedingt sind. Herkömmliche Worte sind oft belastet durch unbewußte und negative Bedeutungen, während neue Worte uns auch eine neue Welt eröffnen.

Der Hohe Sex und die tantrische Sicht

Ich machte die Erfahrung von Ekstase ohne einen Partner zum ersten Mal während eines Experiments, bei dem wir im Verlaufe eines psychologischen Forschungsobjektes sämtlicher Sinnesreize beraubt wurden. Ich war sieben Tage und Nächte lang in Isolation, trug Ohrstöpsel und eine Augenbinde und befand mich in einem abgedunkelten Raum, abgeschnitten von sämtlichen äußeren Reizen. Ich entdeckte nach und nach, wie ich mich tief entspannen und meine Aufmerksamkeit nach innen auf meine Gefühle, Gedanken und Empfindungen richten konnte. Nach einer anfänglichen Zeit der Unruhe verspürte ich einen wachsenden Frieden, eine Durchlässigkeit, als ob es das Ego, in dem sich jeder als etwas Eigenständiges, getrennt von der Welt, versteht, nicht mehr gäbe. Ich fühlte mich eins mit allem, was innen und außen existiert – wie eine Welle, die Teil des Meeres ist. Zugleich spürte ich eine ungeheure Kraft und Weisheit, als ob ich in jenem Augenblick die Antwort auf sämtliche Fragen wüßte, die ich jemals hatte stellen wollen. Und ich hörte meine eigene Stimme sagen: »Suche die Ekstase nicht außerhalb deiner selbst. Sie ist bereits in dir.«

Ich hatte in der ganzen Welt nach Lehren gesucht, die mich für Ekstase öffneten, und obwohl diese Suche mir immens geholfen hatte, war es im Endeffekt gar nicht nötig, »irgendwo« hinzugehen. Durch dieses Experiment hatte ich entdeckt, daß Ekstase nur in uns gefunden werden kann. Es bestätigte, was die tantrischen Meister aller Zeiten sagten: Deine wahre Natur ist Glückseligkeit. Wenn Sie Ihre Augen schließen und nach innen gehen, wenn Sie sich die Chance geben, tief genug »hinabzusteigen« und das Geplapper des Alltagsbewußtseins sowie äußere Ablenkungen hinter sich lassen, können Sie entdecken, daß Sie bereits in Ekstase sind, vierundzwanzig Stunden am Tag.

Diese Einsicht gab mir für die Arbeit mit anderen Menschen Stärke und Sicherheit. Ich konnte ihnen mit dem Wissen gegenüberstehen, daß sie grundsätzlich das gleiche ekstatische Potential besaßen wie ich.

Der Drei-Schritte-Prozeß

Das Isolations-Experiment hatte mir gezeigt, daß Entspannung eine wesentliche Voraussetzung für die Erfahrung von Ekstase ist. Ich erfuhr aber auch, daß Entspannung nicht ausreichte, um die ekstatische Reaktion hervorzurufen. Ein ganz bestimmtes Umfeld ist erforderlich, damit der Körper von Energie durchflutet wird.

Dieses Umfeld kann durch überlieferte tantrische Meditationen sowie durch moderne Methoden der Körperarbeit erreicht werden. Meine Erfahrung von optimalen Methoden für das Auslösen ekstatischer Zustände, die mit der sexuellen Erfahrung verbunden sind, führte zu einem Drei-Schritte-Prozeß: den Strömungsreflex auslösen, die ekstatische Reaktion wecken und die Welle der Glückseligkeit reiten.

Den Strömungsreflex auslösen

Sex hat vor allem etwas mit Energie zu tun. Je mehr Energie Sie haben, desto glückseliger können Sie sein, und desto erfüllter wird Ihr Sex. Beim ersten Schritt lernen Sie, Ihre Energie in Gang zu bringen und sie intensiver auszudrücken, bis Sie den Orgasmus als ein »Energieereignis« erleben, das unabhängig vom sexuellen Kontakt erlernt und jederzeit wieder hervorgerufen werden kann. Im Verlaufe dieses Prozesses erleben Sie den wesentlichsten Teil des Orgasmus, den ich den »Strömungsreflex« nenne.

Dabei lernen Sie, sich für die verschiedensten Arten von Vibrationen zu öffnen und sie als höchst lustvoll zu empfinden. Die Folge ist ein Gefühl von Reinigung und Entspannung. Wenn Sie erst einmal gelernt haben, den Orgasmus als ein Energieereignis losgelöst vom sexuellen Kontext zu erleben, sind Sie in der Lage, selbst die Verantwortung für Ihre sexuelle Lust zu übernehmen. Sie wissen, daß die wahre Quelle für Ihre Lust in Ihnen selbst verborgen liegt und nicht in Ihrem Partner.

Die ekstatische Reaktion wecken

Danach erfahren Sie, wie Sie die Energie halten, sich regelrecht in sie hinein entspannen und sie ausweiten können. Dies ist das grundlegende Geheimnis des Hohen Sex: Sie erleben Ekstase, wenn Sie die Kunst lernen, im Zustand hoher sexueller oder nichtsexueller Erregung entspannt und bewußt zu bleiben – das bezeichne ich als ekstatische Reaktion.

Das mag zunächst paradox klingen. Wie können scheinbare Gegensätze wie Entspannung und Erregung zusammengebracht werden? Beim gewöhnlichen Sex kommt es erst zur Entspannung, *nachdem* die sexuelle Erregung im Orgasmus ihren Höhepunkt gefunden hat. Die ekstatische Reaktion hingegen kombiniert die besten Elemente beider Zustände: ein hohes Maß an Energie und ein tiefes Gefühl von innerem Frieden. Dabei geht es nicht um ein Wechselspiel zwischen Erregung und Entspanung, wie man es gewöhnlich beim Sex erleben mag, sondern um das gleichzeitige *Zusammenschwingen* beider Zustände. Bei der ekstatischen Reaktion erlauben Sie der Energie, immer weiter anzuwachsen, während Sie sich gleichzeitig in die Erregung hineinentspannen, zulassen, daß sie sich im ganzen Körper ausbreitet, und sie immer längere Zeitspannen andauern lassen. Die Folge ist eine zutiefst beglückende, belebende Erfahrung.

Jüngste klinische Untersuchungen bestätigen meine Forschung und zeigen, daß der Körper auf natürlichem Wege mit Entspannung reagiert, wenn der sexuelle Orgasmus ausgedehnt wird. Dr. Alan Brauer, Mitautor des Buches *ESO* (Extended Sexual Orgasm – Erweiterter sexueller Orgasmus), führt aus, daß das Erregungsniveau des Körpers nach mehreren Minuten erweiterter orgastischer Reaktion abnimmt – gemessen an Puls, Atemfrequenz und Blutdruck –, selbst wenn die orgastischen Kontraktionen anhalten. Brauer stellt fest: »Subjektiv wird das als kontinuierlich ansteigende Lust erlebt. Der Körper reagiert, als ob er in einen entspannten Zustand überginge.« Als westlicher Mediziner hält Brauer dieses Ergebnis für »überraschend«, aber die tantrische Tradition weiß seit Jahrhunderten davon.

Mit der ekstatischen Reaktion lernen Sie, ein hohes Maß an Erregung hervorzurufen, auf das – unmittelbar vor dem Punkt orgastischer Entladung – eine vollkommene gedankliche Stille folgt. Gleichzeitig entspannen Sie bestimmte Muskeln, atmen tief und langsam und wenden andere einfache Techniken an, die Ihren Orgasmus umwandeln. Damit bereiten Sie sich auf einen Ganzkörperorgasmus vor, der auf der Fähigkeit des Körpers beruht, unabhängig von jeder Bewußtseinskontrolle zu vibrieren. Statt einer lokal begrenzten genitalen Entladung erleben Sie für längere Zeit eine Folge feinen, kontinuierlichen, wellenähnlichen Pochens oder Vibrierens, das sich im Körper ausbreitet und den Eindruck hervorruft, daß Sie mit Ihrem Partner verschmelzen.

In diesem Stadium beruhen die orgastischen Empfindungen nicht mehr ausschließlich auf dem genitalen Austausch, sondern werden oft als veränderter Bewußtseinszustand wahrgenommen. Anders als beim kurzen

---

Ich bin der Dichter des Leibs und bin der Dichter der Seele,
Die Freuden des Himmels sind bei mir, und die Qualen der Hölle sind bei mir,
Die ersten veredele und mehre ich in mir selbst, die zweiten übersetze ich in eine neue Sprache.

Walt Whitman
Grashalme

Höhepunkt des genitalen Orgasmus erleben Sie nicht einen reflexartigen Akt, der zu einer plötzlichen und unkontrollierten Entladung von Energie führt, sondern ein tiefes Loslassen, das durch ein bewußt kontrolliertes Vorgehen erreicht wird. Wenn die Energie zwischen Ihren Körpern fließt und verschmilzt, wird die sexuelle Vereinigung zu einer Erfahrung tiefer Intimität.

In gewisser Weise gleicht die übliche genitale Erfahrung dem Rudern auf windbewegter See in einem kleinen Boot – sie werden hoch- und runtergeschleudert. Im Gegensatz dazu kann der ekstatische Zustand des Hohen Sex mit der sanft gekräuselten Oberfläche einer stillen See verglichen werden, auf der sich das Sonnenlicht spiegelt.

Die Welle der Glückseligkeit reiten

Im letzten Stadium des Drei-Schritte-Prozesses erlernen Sie die höchste Form tantrischer Liebeskunst, bei der durch ein sanftes und langsames Vorgehen die Energie sexueller Erregung in die Erfahrung reiner Glückseligkeit umgewandelt wird. Sämtliche anderen Praktiken im Training waren Vorbereitungen für diese letzte Stufe, die ich in Form von sieben aufeinanderfolgenden Schritten lehre.

Sie beginnen damit, daß Sie die Energiewelle »reiten«, die durch den Strömungsreflex freigesetzt wurde. Diese Energie wird von den Genitalien bewußt im Körper aufwärts bis in den Kopf geleitet. Die orgastischen Empfindungen durchfluten so das Gehirn, und Sie lernen, wie Sie die ekstatische Erfahrung fortsetzen und diesen Zustand von dreißig Sekunden bis zu mehreren Minuten und in den fortgeschritteneren Stadien bis zu einer Stunde und länger halten können.

Meistens ist das Liebesspiel sehr dynamisch. Sie bewegen sich lebhaft, atmen schwer und bauen die sexuelle Leidenschaft bis zu dem Punkt auf, wo die Energie in einer letzten Entladung nach außen explodiert. Im Gegensatz dazu gleicht der Orgasmus des Gehirns dem sanften, endlosen Gleiten eines Drachens im Wind. Mühelos gelangen Sie zu einer schwebenden Empfindung, als würde sich Ihr Körper über seine Grenzen hinaus ausdehnen. Aus tantrischer Sicht bewirkt dieser »Gehirnorgasmus« eine starke Stimulation der Gehirnzellen und schlägt eine Brücke zwischen der rechten und der linken Gehirnhälfte, so daß sich der Intellekt der linken Hemisphäre mit den intuitiven Fähigkeiten der rechten Hälfte vereinigt. Diese Verschmelzung ist es, welche die Erfahrung von Ekstase hervorruft, an der Körper, Geist, Herz und Seele gleichermaßen teilhaben.

Obgleich das Reiten der Welle zum Teil durch tantrische und taoistische Formen der Liebeskunst inspiriert wurde, ist es mir nicht von einem Lehrer übermittelt worden. Vielmehr habe ich diese Methode allmählich aufgrund meiner Experimente mit vielen verschiedenen westlichen und östlichen Praktiken selbst entwickelt. Die Welle ist ein klar strukturierter Prozeß, der jedem zugänglich ist, der einen sanften und bewußten Weg finden möchte, um die geistige Dimension in den Sex zurückzubringen und die sexuelle Vereinigung als eine Brücke zwischen Körper und Seele zu erfahren.

Unserer Kultur ist das Verständnis dafür verlorengegangen, daß sexuelle Energie ein körperlicher Ausdruck spiritueller Kräfte ist. In Wahrheit spiegelt der Wunsch, sich mit einem anderen menschlichen Wesen sexuell zu vereinigen, das unterschwellige spirituelle Bedürfnis wider, Ganzheit und vollkommene Intimität zu erleben, wodurch das Empfinden, als Individuum getrennt und isoliert zu sein, aufgehoben wird. In diesem Wunsch drückt sich das Bedürfnis aus, zur ursprünglichen Quelle der Schöpfung zurückzukehren, zum Einssein, das wir im Mutterleib erfahren haben, und darüber hinaus zum Einssein mit uns selbst. Die meisten Menschen halten die sexuelle Vereinigung ohne dieses spirituelle Element für ausreichend, ihre Bedürfnisse zu befriedigen. In Wirklichkeit sind aber nur wenige damit wirklich zufrieden.

Wenn wir die sexuelle Kraft nicht als spirituell oder heilig verstehen, wird Sex für uns ein rein körperlicher, instinktiver Trieb und von uns auch nicht angemessen geachtet. Sexualität wird oft mißbraucht und mit persönlicher Macht verknüpft – das Dominieren des einen Geschlechts über das andere – sowie mit der Vorstellung von Eroberung. Der spirituellen Dimension beraubt, wird sexuelle Energie unterdrückt und richtet sich schließlich gegen das Leben selbst. Das wiederum führt zu Mißachtung, Krankheit, Mißbrauch, Vergewaltigung und anderen Formen sexueller Gewalt.

Eine negative soziale sexuelle Konditionierung ruft unweigerlich Angst hervor, und diese Angst wird von wohlmeinenden Vermittlern wie Eltern, Lehrern und Geistlichen von Generation zu Generation weitergegeben. Die meisten von uns übernehmen in der frühen Kindheit Einstellungen, die Sexualität verdammen, ohne sich dessen bewußt zu sein. Diese Konditionierungen verkrüppeln unsere Spontaneität, unseren Ausdruck sexueller Lebendigkeit, unsere Lust und unsere Fähigkeit, einander zu lieben und zu achten. Diese Angst sagt uns ständig: »Paß auf – es wird weh tun, wenn du dich für Liebe und Sex mehr öffnest!«

Es ist sehr wohl anzunehmen, daß die sexuelle Aktivität, oder genauer, die Sexbesessenheit, die typisch ist für die westliche Kultur, in vielen Fällen keinesfalls Ausdruck von sexuellem Interesse ist, sondern der Suche nach Befriedigung des Bedürfnisses nach Kontakt dient.

Ashley Montagu
Körperkontakt

Angst behindert auch die Verständigung beim Sex. Statt eine tiefe Vereinigung zweier Menschen zu sein, wird der Liebesakt oft zu einer angespannten Begegnung, bei der beide Partner Angst haben, ihre wirklichen Bedürfnisse zu zeigen. Viele Frauen glauben zum Beispiel, daß der einzige »erwachsene« Weg, Zärtlichkeit und Wärme zu bekommen, darin besteht, mit einem Mann zu schlafen. Sie sind nicht in der Lage, ihr Bedürfnis nach nichtgenitaler Zuneigung und Kontakt auszudrücken, und fühlen sich am Ende benutzt. Bei einer Umfrage, ob sie lieber kuscheln und liebevoll im Arm gehalten werden oder Sex haben wollten, schrieben 64 000 von 90 000 Frauen, daß sie lieber kuscheln und an den Koitus gar nicht denken möchten. Ihnen schenkt Sex nicht die Zärtlichkeit und Intimität, nach der sie suchen. Trotzdem gibt es keinen inneren Widerspruch zwischen Sex, Kuscheln und Zärtlichkeit.

Die Reduzierung von Sex auf einen rein körperlichen Akt fördert eine oberflächliche Betrachtungsweise des Koitus. Das Liebesspiel wird zur Leistungsschau. Da wir uns auf äußere Anweisungen verlassen, auf den Drang, »es richtig zu machen«, statt unserer eigenen Erfahrung zu vertrauen, wird das unbefriedigende Liebesspiel zur sich selbst erfüllenden Prophezeiung, und wir begrenzen unser sexuelles Potential.

Sexuelle Mythen in Frage stellen

Ich möchte einige weit verbreitete sexuelle Mythen in Frage stellen, die uns bei der lustvollen Erforschung unserer Sexualität behindern. Wie bereits erwähnt, haben die meisten von uns sexuelle Einstellungen übernommen, von denen unser Verhalten unbewußt tiefgreifend beeinflußt wird. Solange wir uns ihrer nicht bewußt werden, haben wir kaum eine Chance, unser sexuelles Verhalten zu verändern.

Sex dient der Zeugung

Nach christlicher Auffassung dient Sex der Zeugung von Kindern und nicht der Lust. Dadurch wird die natürliche Freude und Lebendigkeit, die Sex uns schenken kann, durch Schuldgefühle vergiftet. Überlegen Sie einmal, wie oft Sie im Laufe Ihres Lebens mit jemandem schlafen. Einer meiner Freunde, der dreiundvierzig Jahre alt ist, kam auf die Zahl Dreitausend. Aber um ein Kind zu zeugen, reicht ein einziger Koitus. Was machen Sie also die restlichen Male?

Der Hohe Sex hat die wichtige Aufgabe, sich dieser »restlichen Male« anzunehmen und uns zu zeigen, wie wir, anstatt Kinder zu zeugen, Ekstase erleben können.

Sex ist unanständig

Dieses Verdammungsurteil beruht auf der Tradition westlicher Religionen, Körper und Geist zu trennen. Sex repräsentiert die Libido, den instinktiven Trieb, der nicht vom Willen kontrolliert werden kann und deswegen als gefährlich betrachtet wird. Selbst heute noch, nach der sogenannten sexuellen Revolution der sechziger Jahre, beeinflussen und lähmen diese Einstellungen unsere Gefühle zur Sexualität. Meiner Meinung nach sind sexuell übertragbare Krankheiten wie AIDS und auch die Pornografie eine direkte Folge der Verdammung von Sex. Hoher Sex wird Ihnen neue Einstellungen zur erotischen Erfahrung zeigen und Ihnen beibringen, Sex als ein Fest, als einen Schöpfungsakt und als eine Kunst zu achten.

Sex ist etwas Natürliches, greifen Sie also nicht ein

Ich glaube, daß der sexuelle Drang, wie wir ihn individuell erleben, nicht annähernd so »natürlich« ist, wie es den Anschein hat. Er wird ständig durch kulturelle Konditionierungen beeinflußt. »Blondinen bevorzugt«, »große Brüste sind erotischer«, »größere Penisse machen bessere Orgasmen« – das sind Glaubenshaltungen, die unsere sexuellen Verhaltensweisen beeinflussen. Meiner Ansicht nach ist der Ausdruck sexueller Energie natürlich *und* kulturell geprägt.

Die Forschung hat zum Beispiel gezeigt, daß körperliche Empfindungen von uns nicht spontan so erlebt werden, wie sie wirklich sind, sondern vom Gehirn entsprechend früheren Erfahrungen, elterlichen Konditionierungen und allgemein verbreiteten Einstellungen interpretiert werden. Die Wissenschaft des Biofeedback, die die Reaktionen des Gehirns auf Reize aufzeichnet, hat gezeigt, daß Menschen lernen können, die verschiedensten körperlichen Reaktionen willkürlich zu beeinflussen, wie zum Beispiel den Herzschlag zu verlangsamen, den Blutdruck zu kontrollieren und Schmerzreaktionen zu verändern.

Hoher Sex bringt Ihnen bei, wie Sie körperliche Reaktionen beim Liebesspiel »verlernen«, umwandeln und neu gestalten können. Hoher Sex ist keine formale Praktik, sondern eine Vorbereitung auf das Liebesspiel. Er zeigt Ihnen neue Vorgehensweisen, steigert Ihr Empfindungsvermögen und vergrößert Ihr Spektrum an sexuellen und sinnlichen Möglichkeiten, alles, ohne Ihre Spontaneität zu behindern.

Es gibt den *richtigen Weg, sich zu lieben*

In Woody Allens Film »Manhattan« sagt eine Frau: »Nach all diesen Jahren hatte ich endlich einen Orgasmus, und dann sagte mein Arzt, es sei kein richtiger Orgasmus gewesen.« Nur allzuoft unterliegen Menschen – vor allem Frauen – dem Einfluß von »Experten«, die anhand wissenschaftlicher Untersuchungen »Normen« für den Liebesakt festlegen.

Beim Hohen Sex fallen alle diese Kategorisierungen weg. Hier gibt es keinen »falschen« Orgasmus oder eine »richtige« Art, sich zu lieben; es gibt lediglich falsche Einstellungen zur Sexualität. Dieses Buch zeigt Ihnen, daß Sie in Ihrem eigenen erotischen Ausdruck einzigartig sind.

Der Koitus ist beim Sex das einzig Wichtige

In unserer Kultur sind sämtliche sexuellen Aktivitäten auf den Koitus ausgerichtet. Sexueller Genuß ohne den Koitus wird als bloße Vorbereitung oder als unmoralisch und ungesund abgetan. Allein das Wort »Vorspiel« legt nahe, daß sexuelle Genüsse wie Berührungen, Streicheln und Küsse nur im Zusammenhang mit Koitus Wichtigkeit haben. Die Folge ist, daß wir uns im großen und ganzen nach dem männlich orientierten Modell eines hitzigen, zielstrebig auf Koitus und Orgasmus ausgerichteten Liebesstils ausrichten, bei dem das sexuelle Zusammensein nur wenige Minuten dauert und abrupt endet. Dieses Modell schließt die Vorstellung ein, daß Frauen einen »harten«, aggressiven und schnellen Koitus lieben.

Beim Hohen Sex lernen Sie die Kunst einer erweiterten, höchst verfeinerten Erotik und entdecken dabei, daß Sie ohne jede Penetration mit dem ganzen Körper Orgasmen erleben können. Hoher Sex eröffnet eine zärtlichere, weiblichere Perspektive der Sexualität, für die Penetration und Koitus nur Teil eines größeren Bildes sind, das auch die Entspannung im Zustand hoher Erregung einschließt.

Sexuelle Erregung folgt einem festen Ablauf

Viele Männer glauben, daß sie eine Frau lediglich ein paar Minuten lang küssen und Brust und Klitoris stimulieren müssen, damit sie dann sofort für den Liebesakt bereit ist. Ähnlich erwarten einige Frauen, daß der Mann innerhalb weniger Minuten mit der stolzen Erektion eines »Herrn Allzeit-Bereit« reagiert, wenn sie seinen Penis küssen und streicheln. Sexualität wird so auf wenige »heiße« Zonen beschränkt, die in einer bestimmten Reihenfolge stimuliert werden.

Hoher Sex zeigt Ihnen, daß die Vorbereitung auf das Liebesspiel nicht lediglich eine Frage körperlicher Stimulierung, sondern einer feinfühligen, harmonischen Einstimmung zwischen den beiden Liebenden ist, die Vertrauen, Offenheit, Kreativität und viele andere geistige, emotionale und spirituelle Qualitäten erfordert.

Sexuelle Lust ist vom Partner abhängig

Der Glaube, von einem Partner abhängig zu sein, der für Ihre sexuelle Lust verantwortlich ist, ist ebenfalls ein weit verbreiteter Mythos. Er beruht darauf, daß nicht Sie die Quelle für Ihre Lust sind, sondern Ihr sexueller Genuß davon abhängt, was Ihr Liebster oder Ihre Geliebte mit Ihnen anstellt.

So wie die sexuelle Energie dem Menschen vom spirituellen Zustand in den Körper verholfen hat, kann sie ihm auch helfen, sich seines ursprünglichen Zustands von göttlicher Ganzheit wieder voll bewußt zu werden.

Elisabeth Haich
Sexuelle Kraft und Yoga

Hoher Sex bringt Ihnen bei, daß Sie selbst für ihre sexuelle Lust verantwortlich sind, und daß diese Erkenntnis der erste Schritt ist, die Kunst sexueller Ekstase zu erlernen.

Beim Mann sind Orgasmus und Ejakulation identisch

Solange der Orgasmus mit Ejakulation gleichgesetzt wird, ist der Mann immer der zu kurz Gekommene, weil er zu kurz »kommt« – meistens vier bis zehn Sekunden lang. Viele glauben, daß das Ziel des Liebesspiels in einer möglichst intensiven Entladung sexueller Spannung besteht – besonders Männer, denen man beigebracht hat, daß Sex ohne Ejakulation nichts wert ist.

Durch das Training, das dieses Buch bietet, kann der Mann allmählich lernen, seinen Ejakulationsdrang zu kontrollieren, so daß er den Zeitpunkt des Samenergusses selbst bestimmen kann, statt ihn als unwillkürlichen Spasmus zu erfahren. Im Laufe der Entwicklung der ekstatischen Reaktion erleben Männer, daß sie noch nicht einmal ejakulieren müssen, um sich sexuell befriedigt zu fühlen. Tatsächlich können Männer im Hohen Sex, ähnlich wie Frauen, mehrere Orgasmen haben, wenn sie Orgasmus und Ejakulation als getrennte Abläufe erleben. Das versetzt den Mann in die Lage, das Liebesspiel mit seiner Partnerin praktisch unbegrenzt zu verlängern. Es ist für einen Mann möglich, ohne Samenerguß Orgasmen zu erleben, die von kräftigen genitalen Vibrationen bis zu feinsinnigen Strömungsempfindungen im ganzen Körper reichen. Es kommt dann nicht zu dem abrupten Rückzug nach der Ejakulation, der für Männer nach dem Samenerguß typisch ist.

Es gibt noch viele weitere sexuelle Mythen, die uns überliefert wurden. Im Verlauf dieses Buches werden Sie immer wieder aufgefordert, stereotype Vorstellungen aufzugeben, die Sie in Ihrer Sexualität behindern, und statt dessen Vorgehensweisen zu entwikkeln, mit deren Hilfe Sie die üblichen Grenzen, mit denen wir unsere Lust einzusperren pflegen, weit hinter sich lassen können. In jedem Kapitel wird ein bestimmter sexueller Mythos erforscht und in Frage gestellt, und im Anschluß daran werden Ihnen konstruktive Alternativen in Form von konkreten Übungen angeboten.

Die tantrische Sicht

Die umfassendsten und weitreichendsten modernen Ansätze, Tantra westlichen Menschen nahezubringen, finden sich in den Schriften von Osho Rajneesh, zum Beispiel in »Tantrische Vision« und »Tantrische Liebeskunst«. Tantrische Qualitäten wie Spontaneität, Verspieltheit, Durchdringung und Auflösung sexueller Schuldvorstellungen und Unschuld werden darin auf die westliche Lebensweise bezogen. Diese tantrische Sicht inspirierte mich, eben diese Qualitäten in mein Leben und in meine Forschungsarbeit zu integrieren.

Die tantrische Sicht *akzeptiert alles*. Es gibt im Tantra nichts Verbotenes. Alles, was ein Mensch erfährt, ist eine Gelegenheit zum Wachsen. Eine Situation zum Beispiel, in der Sie sexuell frustriert sind, wird im Tantra nicht als negativ, sondern als Lehre betrachtet. Sie bietet Ihnen die Gelegenheit, etwas über Ihre sexuellen Motive zu erfahren. Was bedeutet Sex für Sie? Wann ist dieses Verhaltensmuster früher schon einmal aufgetaucht? Warum dulden Sie die Situation? Welche Möglichkeiten für Veränderungen bieten sich Ihnen? Die tantrische Sicht kann Sie zu Erfahrungen führen, die Sie sich wünschen und die Sie entdecken möchten.

Im Tantra gibt es keine Trennung zwischen gut und schlecht, akzeptabel und nicht akzeptabel.

Tantra, wie ich es verstehe, fällt keine moralischen Urteile über Ihre sexuellen Vorlieben. Im Tantra geht es weniger darum, mit wem Sie Sex haben, als vielmehr, *wie* Sie Sex haben.

Die tantrische Sicht ist eine ganzheitliche Sicht, die alles umfaßt, weil jede Situation, ob angenehm oder unangenehm, eine Gelegenheit ist, wacher dafür zu werden, wer Sie sind und wie Sie Ihre Möglichkeiten erweitern können. Das bietet Ihnen die große Chance, sämtliche Seiten Ihrer Persönlichkeit miteinander zu verbinden, auch die, die Sie sonst ablehnen oder verstecken. Aus dieser Sicht können wir auch erkennen, daß es in jedem Erwachsenen ein natürliches, unverdorbenes, kindliches Wesen gibt, das

»Wer das Männliche kennt,
und sich dennoch an das Weibliche hält,
wird zum tiefen Tal,
das alle Dinge zwischen Himmel und Erde
empfängt.«

unbekannte Gebiete mit Offenheit und Unschuld erforschen kann. Die Unschuld dieses inneren Kindes ist unantastbar und steht für unsere natürliche Fähigkeit, das Leben zu genießen, zu lieben, verspielt und ekstatisch zu sein. Ich nenne diesen Teil unseres Ich das ekstatische Ich.

Weil Tantra an die Ganzheit glaubt, schließt es Gegensätze ein und betrachtet diese nicht als Widerspruch, sondern als Ergänzungen. Männlichkeit und Weiblichkeit bedeuten keine ewige Spaltung in zwei Seiten, sondern werden als Pole betrachtet, die sich im Inneren jedes menschlichen Wesens treffen und verschmelzen. Tantra weiß, daß jeder Mensch sowohl männliche als auch weibliche Eigenschaften hat.

Tantra ermutigt den Mann, seine weichen, empfänglichen, verletzlichen, weiblichen Eigenschaften zu entdecken und zu leben. Er kann die Last seiner männlichen Verantwortung ablegen, seine Leistungsvorstellungen vergessen und sich entspannen. Er kann sich beim Sex Zeit lassen, sich mit seiner Partnerin zwang- und ziellos lieben und sich erlauben, empfänglich zu sein, während sie die Initiative ergreift. Die Frau ihrerseits kann ihre männliche Seite erforschen und erfahren, daß sie imstande ist, beim Liebesspiel dynamisch die Führung zu übernehmen, die Initiatorin zu sein und neue Wege zu ersinnen, den Mann anzuleiten, ihn zu lehren und sich und ihm Lust zu schenken. Dabei gibt der Mann seine Männlichkeit ebensowenig auf wie die Frau ihre Weiblichkeit. Beide erweitern einfach ihr Vermögen um den Gegenpol.

Wenn der männliche und der weibliche Pol miteinander verschmelzen, eröffnet sich für Tantra eine neue Dimension – die Heiligkeit dieser Begegnung. In dieser Verbindung erhebt sich Ihr Bewußtsein über die körperliche Ebene in einen Bereich von Kraft und Energie, der über Ihre persönlichen Grenzen hinausgeht. Sie fühlen sich durch Ihren Partner mit allem verbunden, was lebt und liebt. Sie sind Teil des großen Lebenstanzes.

Die Schöpfung geschah um des Liebesspiels willen. Solange nur Einssein existierte, gab es kein Entzücken. Aber als die Einheit aufgehoben wurde und sie (Mann und Frau) anschließend miteinander verbunden wurden, war das Entzücken groß.

Reb Hayim Haikel (chassidischer Meister aus dem achtzehnten Jahrhundert)

Wenn sexuelle Liebe eine heilige Dimension bekommt, können beide Partner anerkennen, daß sie göttliche Eigenschaften besitzen. Sie begreifen, daß ihr wahres Potential unendlich und unbegrenzt ist. Wenn Sie den Gott oder die Göttin im anderen achten, können Sie Ihren Partner über die Grenzen seiner Persönlichkeit hinweg wahrnehmen. Sehen Sie im anderen das Göttliche, können Sie das gleiche

Potential auch in sich selbst wahrnehmen. Der andere spiegelt Ihnen Ihre eigene göttliche Natur. Aus diesem Grund begrüßen die tantrischen Partner sich mit dem Satz: »Ich achte dich als Teil meiner selbst«, was heißt: »Du bist eins mit mir, und dein Bewußtsein ist ein Spiegel für mein Bewußtsein.« Das ist Ihnen im Augenblick vielleicht noch fremd, aber Sie werden sehen, daß diese Haltung ein wirkungsvolles Mittel ist, um die Vorstellungen zu überwinden, die Menschen sich selbst auferlegen und mit denen sie sich selbst begrenzen und gefangen halten.

Für Tantra ist die sexuelle Vereinigung nicht nur heilig, sondern auch eine Kunst. Interessant ist, daß im Sanskrit die Wurzel des Wortes *Kunst* »richtig vereinigt« bedeutet. Um Tantriker, Ausübende des Tantra, zu werden, müßten die Liebenden in einer ganzen Reihe von Künsten, unter anderem in Konversation, Tanz, Zeremonien, Massage, Blumenarrangements, Kostümkunde und Schminken, Musik, Hygiene, Atmung und Meditation bewandert sein. Wenn wir die erotischen Künste auf diese Weise lernen, kommt es zu einer tiefgreifenden Heilung unserer Sexualität.

Laut Tantra geht es beim Sex in erster Linie um Energie, und für Tantra ist Energie die Bewegung des Lebens schlechthin. Im menschlichen Körper ist ständig Energie in Bewegung. So weisen der Kern und die Elektronen eines Atoms zum Beispiel ganz charakteristische vibrierende Bewegungen und Rhythmen auf. Das gleiche gilt für die Moleküle, Zellen und Organe des menschlichen Körpers. Jede Zelle des Körpers pulsiert ebenso rhythmisch wie das Herz, das Zwerchfell, der Darm, die Lungen, das Gehirn und viele weitere physiologische Bestandteile. Die Vibrationen dieser rhythmischen Bewegungen erzeugen bioelektrische Ströme, die ständig durch den ganzen Körper fließen. Sie erzeugen auch die Energiefelder, die den Körper umgeben, und durch unsere Stimmungen und Emotionen werden ebenfalls bestimmte Vibrationen hervorgerufen, die diese Energiefelder beeinflussen und verändern.

Tantra betrachtet jedes menschliche Wesen als Organismus, der Teil eines größeren Ganzen ist – der Umgebung, des Planeten Erde, der Natur selbst –, in welchem Rhythmus und Vibration die vereinigenden Elemente sind. Diese Elemente beeinflussen auch die Beziehung zwischen zwei Menschen. So lehrt Tantra die Liebenden, wie sie ihre Energien harmonisch aufeinander abstimmen, wie sie auf eine gleiche Wellenlänge kommen können und damit eine meßbare Resonanz zwischen ihren Energiefeldern erzeugen. Im Tantra entspricht die Kunst, diese Resonanz herzustellen, dem, was wir »Vorspiel« nennen.

Am einen Ende des Spektrums, auf der körperlichen Ebene, drückt sich die Lebensenergie als Sextrieb aus. Am anderen Ende, auf der Ebene des Nervensystems und des Gehirns, wird sie als Ekstase erlebt. Der sexuelle Trieb ist die instinktive, nicht verfeinerte »Rohenergie«. Tantra bedient sich der sexuellen Energie als Rohstoff, sozusagen als das »Rohöl«, aus dem ein Brennstoff mit hoher Oktanzahl, Ekstase genannt, gewonnen wird.

Man sagt, daß einige der frühesten östlichen Mystiker ihre erste flüchtige Erfahrung spiritueller Erleuchtung im Augenblick des Orgasmus machten. Tatsächlich haben viele Menschen erlebt, daß der Orgasmus sie vorübergehend in einen Zustand der Verzückung befördern kann. Für wenige Sekunden ist der Kopf frei von Gedanken, die egozentrische Sicht des Lebens verschwindet, und wir treten aus der Zeit heraus in das zeitlose »Jetzt« der Glückseligkeit.

SkyDancing: Die tantrische Lebensweise

»SkyDancing« bezeichnet das Verständnis für die tantrische Lebensweise, die Sie in Ihrer Fähigkeit zu sexueller Ekstase unterstützen und den Rahmen bilden wird, in dem die Übungen für Sie am besten wirken.

Sich selbst lieben lernen

Liebe ist zuallererst einmal die Liebe zu sich selbst. Damit meine ich keine übertriebene Egozentrik, sondern die Fähigkeit, sich selbst zu vertrauen und auf die eigene innere Stimme zu hören – auf die intuitive Führung durch Ihr Herz. Sich selbst lieben heißt erkennen, daß Sie die Erfahrung der Ekstase verdienen, es heißt auch, daß Sie gerade beim Sex nicht bereit sind, Kompromisse einzugehen oder sich mit weniger abzufinden als mit dem, was Sie sich von ganzem Herzen wünschen. Sie können keinen anderen Menschen lieben, wenn Sie sich selbst nicht lieben. Das führt nur dazu, daß Sie besitzergreifend, eifersüchtig und abhängig werden. Wenn Sie hingegen anfangen, sich selbst wirklich zu lieben, werden Sie die Liebe anderer Menschen geradezu anziehen.

Und trotzdem brauchen Sie die anderen nicht, um zur Ganzheit zu gelangen. Liebe wird zu einem Seinszustand. Aus Ihrem eigenen Gefühl von Überfluß wächst das Bedürfnis, zu teilen und zu feiern – Sie sind dankbar dafür, zu empfangen und zu geben. Das ist Freiheit – die Grundlage für eine wirkliche Partnerbeziehung. Und das ist auch das Ziel des Hohen Sex.

Schuldgefühle fallenlassen

Hoher Sex lehrt Sie, sexuelle Schuldgefühle fallenzulassen. Vielleicht glauben Sie, das bereits getan zu haben, aber Schuldgefühle sitzen sehr tief und sind uns oft gar nicht bewußt. Denn die etablierten Religionen benutzen seit Jahrhunderten Schuldgefühle, um Menschen auf subtile Weise zu manipulieren und auszubeuten, und auch der jüngsten Liberalisierung der Sexualität ist es bislang nicht gelungen, dieses grausame Erbe abzuschaffen.

Spontaneität genießen

Wir alle haben die Tendenz, Experten, Methoden oder Techniken mehr zu vertrauen als unseren eigenen spontanen Gefühlen. Vielleicht sind auch Sie ein Opfer dieser Haltung, bei der Sie sich zu sehr auf äußere Führung verlassen und sich daran hindern, plötzlichen Veränderungen Ihres Energieflusses spontan zu folgen. Im Hohen Sex akzeptieren Sie das Leben als ein großes Mysterium. Außer neue Techniken zu lernen, nehmen Sie sich die Freiheit, auf Neues und Unbekanntes einzugehen. Dies ist kein weiteres Handbuch zum Thema »Wie macht man guten Sex?« Es beruht vielmehr auf der Auffassung, daß das »Wie« von selbst geschieht und Sie keinerlei vorgefertigten Praktiken folgen müssen, wenn Sie auf allen Ebenen – körperlich, geistig und emotional – gründlich vorbereitet sind.

Lust pflegen

Unsere Gesellschaft hat uns glauben gemacht, daß wir Lust nicht wirklich verdienen, daß es selbstsüchtig ist, Lust zu pflegen, daß Geben besser als Nehmen und Genuß Zeitverschwendung ist – eine Ablenkung von wichtigeren Dingen im Leben. So beschränken wir uns, wenn wir Lust empfangen, auf Gedanken wie: »Ich muß ihr etwas wiedergeben für all die Lust, die sie mir schenkt«, »Ich nehme seine Zeit zu sehr in Anspruch« oder »Ich sollte besser nicht zeigen, wie sehr ich das genieße, sonst hält er mich noch für eine Hure.«

Hoher Sex hilft Ihnen dagegen, die kostbare Fähigkeit zu entwickeln, sich total und bedingungslos der Lust zu öffnen.

Meditation entdecken

Vielleicht fragen Sie sich, was Meditation mit Sinnlichkeit und körperlicher Liebe zu tun hat. Kurz gesagt: Sie schenkt uns Klarheit. Stellen Sie sich eine Flasche vor, die mit Sand und Wasser gefüllt ist. Schütteln Sie sie, und das Wasser wird trübe. So ähnlich ist es die meiste Zeit während unseres normalen, täglichen, wachen Lebens mit dem menschlichen Denken. Wir verarbeiten so viele Gedanken, Wahrnehmungen und Teilinformationen, daß wir oft – wie die Flasche – »trübe« sind und nichts mehr verstehen. Aber wenn Sie die Flasche hinstellen und ein paar Minuten lang stehenlassen, wird das Wasser wieder klar. In gewisser Weise passiert beim Meditieren das gleiche.

Wenn Sie in einer entspannten Haltung stillsitzen, Ihre Aufmerksamkeit

Tantra betrachtet jedes menschliche Wesen als einen Organismus, der Teil seiner Umgebung, des Planeten Erde, der Natur selbst ist.

nach innen richten und Ihren Atemrhythmus vertiefen, legt sich allmählich das geschäftige Geplapper Ihrer Gedanken. Während Ihr Denken zur Ruhe kommt, können Sie Ihre Aufmerksamkeit immer besser auf Ihre Gefühle und Empfindungen richten und öffnen sich damit für die Möglichkeit, Lust zu erfahren.

Meditation heißt für mich nicht, daß Sie komplizierte Methoden der Selbstbeobachtung beherrschen sollen, sondern bedeutet einfach, daß Sie Ihre Aufmerksamkeit verlagern – sich nach innen wenden und Ihre innere Wahrnehmung erweitern.

In langdauernden Beziehungen besteht die Tendenz, daß das Liebesspiel zur Routine wird, und das beschneidet das Paar in seinen Möglichkeiten zu genießen. Da durch Meditation das Denken ruhiggestellt wird, können Sie das Liebesspiel mit neuer Frische und Unschuld erfahren. Meditation kann im Hohen Sex als Prozeß der »Entautomatisierung« betrachtet werden.

Geben Sie Ihre Zielorientierung auf

Denken Sie immer an den subtilen Unterschied, der darin besteht, die Praktiken mit einem Ziel im Kopf oder um ihrer selbst willen zu machen – sich so in jede Übung zu vertiefen, daß Sie vollkommen darin aufgehen. Diesem Training liegt das orgastische Modell zugrunde: Zuerst gilt es für Sie, zu tun, zu tun und nochmals zu tun, wobei Sie Ihren Willen einsetzen und sich anstrengen, dann kommen Sie plötzlich zu einem Höhepunkt, Sie lassen los – und die Dinge geschehen einfach von selbst. Sie lassen sich mitreißen. Dieser Ablauf gilt für die meisten Übungen. Ich werde Sie immer wieder bitten, sich mit ganzer Kraft auf die Übung einzulassen und sich dann den Wirkungen einfach hinzugeben. Denken Sie daran, daß Sie die Wirkungen nicht mit dem Willen erzwingen können. Das gleiche gilt für die Ekstase. Sie können einfach nur die richtigen Bedingungen dafür schaffen, daß Ihnen Ekstase widerfährt. Aus diesem Grunde sind viele westliche Liebende in ihren Bemühungen um ekstatischen Sex so frustriert. Sie versuchen Ekstase durch Willensanstrengung und Kontrolle zu erreichen, wo es in Wirklichkeit darum geht, intensive Erfahrungen zu kreieren, deren unmittelbare Wirkung in Entspannung und Loslassen besteht.

Wirkliches Handeln heißt sein.

Tao-Te-King

Hingabe zulassen

Hingabe ist ein wesentlicher Aspekt des Lernprozesses im Tantra. Vielen ist jedoch völlig unklar, was Hingabe bedeutet. Menschen mißtrauen diesem Begriff, weil sie ihn mit einem Verlust ihres freien Willens und ihrer persönlichen Macht gleichsetzen. Tatsächlich verwechseln sie Hingabe mit Unterwerfung, die eine absolut passive Haltung ist, bei der Sie die Verantwortung für das eigene Verhalten an einen anderen Menschen abgeben.

Im Hohen Sex überlassen Sie sich aus freiem Willen den höchsten Ebenen Ihres inneren Potentials – als Voraussetzung, um langsam in dieses hineinzuwachsen. Wenn Sie sich auf die Kunst der Hingabe verstehen, finden Sie einen viel leichteren Zugang zum Hohen Sex. Wirkliche Hingabe beruht auf einer bewußten und freien Willensentscheidung. Dabei öffnen Sie Ihr Herz und vertrauen dem Menschen, mit dem Sie zusammen sind, ganz gleich, ob es um Ihren Geliebten oder um Ihre Lehrerin geht. Durch Hingabe an die Praktiken in diesem Buch öffnen Sie sich dafür, von neuen Sichtweisen tief berührt zu werden.

Den inneren Geliebten wecken

Viele Menschen glauben, daß ihr Liebesspiel einfach dadurch wunderbar wird, daß sie den richtigen Mann oder die richtige Frau treffen. Selbst wenn sie bereits einer ganzen Reihe solcher »richtiger« Partner begegnet sind, halten sie an dem Glauben fest, daß mit dem nächsten das Wunder wahr wird. Sie begreifen nicht, daß sie mit dieser äußeren Suche die Verantwortung für ihre Lust aus der Hand geben.

Aus der Sicht des Hohen Sex lautet die Antwort auf die Frage »Wo fange ich an?« folgendermaßen: Sie fangen bei sich an, so, wie Sie im Augenblick sind. Stellen Sie sich einmal vor, Sie seien ein Wissenschaftler, der sich für eine neue Theorie interessiert und beschließt, ihre Gültigkeit in einem praktischen Experiment zu überprüfen. Die theoretische Aussage, die Sie überprüfen werden, lautet: Sie selbst sind die Hauptquelle für Ihre eigene Lust. Wie begrenzt oder reich Ihre sexuellen Erfahrungen sind, hängt letztendlich von Ihnen ab. Niemand kann Ihnen sexuelle Ekstase bringen; sie kommt von innen.

In diesem Kapitel werden Sie vor allem Ihren inneren Geliebten entdekken – diesen wesentlichen Teil von Ihnen, der bereits vollkommen und imstande ist, sexuelle Lust in ihrer ganzen Fülle zu erfahren. Statt sich nach dem richtigen Partner umzuschauen, schenken Sie zuerst einmal sich selbst all das, was Sie auch Ihrem oder Ihrer Liebsten geben würden. Es ist befreiend und aufregend zu erkennen, daß Sie Ihr sexuelles Schicksal selbst in der Hand haben. Das meine ich mit dem Erwecken des inneren Geliebten.

Ihr innerer Geliebter existiert nicht getrennt von Ihnen und ist auch kein Traumgespinst. Er ist vielmehr eine Eigenschaft, ein Gefühl, das Sie in Augenblicken der Freude oder Stille spüren, wenn Sie sich tief in sich selbst versenken und dabei mit Ihrer natürlichen Unschuld, Einfachheit und Spontaneität in Berührung kommen. Ihr innerer Geliebter steht für Ihre Fähigkeit, Sie selbst zu sein, ohne jeden Versuch, anders sein zu wollen als der Mensch, der Sie sind.

Naomi, eine Ballettänzerin, besuchte eines meiner Seminare zusammen mit ihrem Mann Louis. Es war offensichtlich, daß die beiden sich liebten und sich darauf freuten, die Kunst des Hohen Sex zu lernen. Aber schon bald erzählte mir Naomi von einem Problem, das sie quälte: Wenn sie sich besonders offen und verletzlich fühlte und ihr Mann sie mit tiefer Zuneigung anschaute, fühlte sie sich plötzlich häßlich und wertlos.

Ich half Naomi, nach Bildern und Erinnerungen zu forschen, die mit diesem Schmerz verbunden waren. Nach einer Weile des Überlegens beschrieb sie mir eine Situation aus ihrer Kindheit: Sie sähe sich als fünfzehnjähriges Mädchen, wie sie sich dem Kontakt mit einer alten Tante entzog, die den gleichen Namen trug wie sie – nach Naomis Beschreibung »eine kalte, verschrumpelte und häßliche alte Jungfer«. Als kleines Mädchen hatte die zukünftige Ballettänzerin entsetzt entdecken müssen, daß man ihr den Namen dieser Tante gegeben hatte, und sie hatte daraus den Schluß gezogen, daß ihre Eltern sie häßlich fanden.

Jeden Tag suchte sie im Spiegel nach Anzeichen für Falten, wie ihre Tante sie hatte. Sie wuchs mit dem Gefühl auf, das schreckliche Geheimnis ihrer Häßlichkeit vor jedem verbergen zu müssen. Obwohl sie überaus hübsch war, ihr Mann ihr das auch sagte und sie anbetete, befürchtete sie unbewußt, daß Tante Naomi mit den häßlichen Falten ihren Körper bewohnte und wieder zum Vorschein kommen könnte, wenn man nur ein bißchen an der Oberfläche kratzte.

Ich wies Naomi an, dem zärtlichen Blick ihres Mannes zu begegnen und Augenkontakt zu halten, bis das Gefühl, häßlich zu sein, auftauchte. Als das Gefühl hochkam, forderte ich sie auf, tief zu atmen, ihren Kopf zu wenden und sich in einem Spiegel zu betrachten, den ich bereithielt. Dabei bat ich sie, ganz genau zu beschreiben, was sie sehe. Zögernd und widerstrebend begann sie jeden Teil ihres Gesichtes präzise zu beschreiben, bis sie schließlich zugeben mußte, daß sie das Spiegelbild einer außergewöhnlich schönen Frau vor sich sah. Dann bat ich sie, die Augen zu schließen und sich auf das Bildnis zu besinnen, das sie gerade im Spiegel gesehen hatte. »Behalte dieses Bild im Gedächtnis, wenn du jetzt wieder Louis anschaust«, schlug ich vor. »Spüre, daß er dich als die schöne Frau sieht, der du gerade im Spiegel

---

*In gewisser Weise sind wir allein, denn unsere »innere Freiheit« heißt, daß eine Liebesbeziehung uns nicht mehr zu fesseln vermag; das andere Geschlecht hat seine magische Kraft über uns verloren, denn wir haben dessen wesentliche Züge in der Tiefe unserer eigenen Psyche kennengelernt. Wir werden nicht mehr so leicht der Liebe »*verfallen*«, weil wir uns nicht mehr in einem anderen Menschen verlieren können, aber wir werden fähig sein, tiefer zu lieben und uns dem anderen bewußt hinzugeben.*

Jolande Jacobi
Die Psychologie von C. G. Jung

---

begegnet bist. Wende jedes Mal, wenn du ins Wanken gerätst, wieder deinen Kopf, schau in den Spiegel und beschreibe, was du siehst.« Nachdem sie diesen Ablauf mehrmals wiederholt hatte, war Naomi imstande, ein positives Bild von sich zu gewinnen und sich nicht nur schön zu fühlen, sondern auch zuzulassen, daß andere sie als schöne Frau sahen. Das war ein wichtiger, in seiner Bedeutung nicht hoch genug zu würdigender Schritt auf dem Weg, ihren inneren Geliebten zu wekken.

Die Übung »Den inneren Geliebten wecken« hat ihre Wurzeln in der tantrischen Tradition, die Menschen aufzufordern, bis ins kleinste Detail die Gestalt und die Eigenschaften eines göttlichen Liebespartners wie des Gottes Shiva oder der Göttin Shakti zu visualisieren. Sie sollten sich mit einem derart hingebungsvollen Eifer auf den spirituellen Geliebten oder die spirituelle Geliebte konzentrieren, daß sie schließlich zur Einheit mit der Gottheit gelangten und dadurch deren göttliche Qualitäten in sich selbst verwirklichen konnten.

Ich möchte anregen, sich nicht in eine symbolische Gottheit, sondern in sich selbst als spirituellen Liebespartner zu verlieben. Wenn Sie eine liebevolle Beziehung mit sich selbst anfangen, werden Sie sowohl zum Liebenden – Liebe gebend – wie zum Geliebten – Liebe empfangend. Durch diese Eigenliebe können Sie sich selbst als

Die göttlichen Liebenden, Shiva und Shakti, sich mit dem Gott in jedem von ihnen vereinigend.

grenzenloses Sein erfahren, das mit allem Seienden in Einklang ist.

Wenn Sie sich selbst kritisieren, bekämpfen sich zwei Seiten in Ihnen, und infolgedessen ist auch Ihre Energie in sich gespalten. Nehmen Sie sich aber selbst an, fließt auch Ihre Energie einheitlich. Nur dann können Sie auch Lust genießen und in der Liebe voll orgastisch sein. Es liegt in der Natur des Orgasmus, daß er Ihr totales Mitwirken verlangt. Wenn Sie sich mit Ihrem inneren Geliebten verbinden und sich selbst annehmen, wird Ihr orgastisches Potential beträchtlich erweitert.

Der Atem des Lebens

Der erste Schritt beim Prozeß der Erweckung Ihres inneren Geliebten besteht darin, daß Sie sich Ihrer Atmung und der körperlichen Abläufe beim Atmen bewußt werden. Bewußtes Atmen hilft Ihnen, eine Verbindung zu Ihren körperlichen Empfindungen herzustellen und sie zu verstärken. Sie richten Ihre Aufmerksamkeit auf die Lebensenergie, die Ihren ganzen Körper durchströmt. Das ist wichtig, weil das Wecken Ihres inneren Geliebten darauf beruht, daß Sie sich und Ihre Empfindungen von innen erleben können. Sie treten eine innere Reise an und benutzen dabei Ihren Atem als Fahrzeug.

Mit wachsender Sensibilität für den Fluß Ihres Atems werden Sie feststellen, daß Sie Ihre Aufmerksamkeit in jeden Bereich Ihres Körpers lenken und dort hineinatmen können. Damit rufen Sie kribbelnde Empfindungen von Wärme und Lebendigkeit hervor, die Sie dann auch in die anderen Körperregionen ausbreiten können.

Nehmen Sie sich ein paar Minuten Zeit, schließen Sie Ihre Augen, entspannen Sie sich, und stellen Sie sich vor, daß sich eine vertraute Hand langsam und sanft auf Ihre Hand legt. Das fühlt sich gut an. Weil Sie entspannt sind, sind Sie empfänglich für die Berührung. Sie stellen fest, daß Sie die Wärme der anderen Hand wie einen feinen Energiestrom aufnehmen können. Spüren Sie, wie dieses Wärmeempfinden sich in Ihrer ganzen Hand ausbreitet. Atmen Sie tief ein, stellen Sie sich vor, die warme Energie mit dem Atem von Ihrer Hand in Ihren Arm und von dort in den ganzen Körper zu ziehen. Mit etwas Übung können Sie sich auf diese Weise für feinste Empfindungen öffnen und zulassen, daß diese durch tiefes Atmen verstärkt werden. Dann kann die Atmung Ihnen als ein Instrument der Lust dienen und schließlich Ihren ganzen Körper in ein Instrument – und sogar in ein ganzes Orchester – der Lust verwandeln. Sie werden das bewußte Atmen während des ganzen Trainings immer wieder üben.

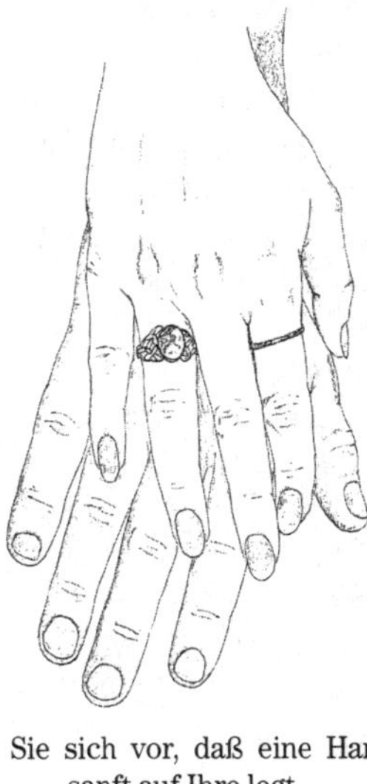

Stellen Sie sich vor, daß eine Hand sich sanft auf Ihre legt.

Im Hohen Sex verbinden wir uns durch tiefes Atmen mit unserem sexuellen Zentrum. Je tiefer wir atmen, desto stärker kommen wir in Kontakt mit unserer sexuellen Energie. Die meisten leben jedoch eher von einer Bettelration Luft. Der Mensch nimmt mit dem Einatmen durchschnittlich etwa einen halben Liter Luft auf, obwohl unsere Lungen bei voller Ausdehnung bis zu dreieinhalb Liter Luft aufnehmen können. Das ist ein Grund dafür, warum das Spektrum und die Tiefe unserer Erfahrungen – und das gilt besonders für sexuelle Empfindungen – unsere Sehnsüchte nicht erfüllen. Wir atmen einfach nicht tief genug, um in der Liebe unser volles orgastisches Potential realisieren zu können!

Bewußtes Atmen: Den Atem beobachten

Beim Liebesspiel sind unsere Sinne oft durch Gedanken blockiert. So können Sie zum Beispiel, während Sie sich mit jemandem lieben, plötzlich von besorgten Gedanken abgelenkt werden: »Und wenn er nun nicht mag, wie ich auf seine Zärtlichkeiten reagiere?« »Und wenn sie nun die Narbe an meinem Unterleib entdeckt?« Das bewußte Atmen, die erste Übung in diesem Kapitel, gibt Ihnen ein einfaches Vorgehen an die Hand, sich von unwillkommenen Gedanken zu befreien und sich wieder ganz Ihren Empfindungen hinzugeben. Sie können es jederzeit einsetzen, und es steht Ihnen immer zur Verfügung. Es ist so gut wie unmöglich, den Atem zu beobachten und dabei gleichzeitig zu denken.

Sinn und Nutzen

Wenn Sie diese einfache Übung regelmäßig machen, wächst Ihr sinnliches Empfindungsvermögen. Sie lernen mehr Lust zu empfinden, indem Sie Ihre Sensibilität für das vertiefen, was bereits für Sie da ist, statt sich auf die Suche nach intensiveren Erfahrungen zu begeben. Und sie lernen, sich auf Ihre Empfindungen einzustellen, sie zu filtern und zu verstärken, um Ihren inneren Geliebten zu wecken.

Vorbereitungen

Wählen Sie Ort und Zeit so, daß Sie während der ganzen Übung allein und ungestört bleiben. Es ist wichtig, daß Sie sämtliche Tagesaktivitäten ruhen lassen, damit Sie sich den Übungen voll widmen können. Dies ist nicht nur eine besondere Zeit, es ist eine heilige Zeit – Zeit für Sie, Zeit für Ihren Liebsten, Zeit für Ekstase.

Duschen Sie vorher. Nehmen Sie sich dann zehn Minuten Zeit, um sich zu entspannen und eine Brücke zwischen Ihrem täglichen Leben und Ihrer Übungszeit zu schlagen.

Achten Sie auf lockere und bequeme Kleidung, am besten aus Naturfasern; Brustkorb und Bauch sollten nicht beengt werden.

Frische Luft im Raum wird Ihnen helfen. Sie können diese Übung auch draußen machen, aber es muß so warm sein, daß Sie sich entspannen können.

Nehmen Sie sich für die Übung zehn Minuten Zeit.

Die Übung

Setzen Sie sich bequem hin, und schließen Sie Ihre Augen. Tun Sie eine Minute lang gar nichts. Versuchen Sie einfach zu beobachten, was hinter Ihren geschlossenen Augen vor sich geht.

Wenn Sie keinerlei Erfahrung mit Meditation haben, werden sich die Gedanken in Ihrem Kopf überschlagen. Vielleicht denken Sie an Ihre nächste geschäftliche Verabredung, an die Einkaufsliste für das Abendessen, oder daß Sie jemandem, mit dem Sie sich gestritten haben, einmal unverblümt Ihre Meinung sagen sollten. Vielleicht träumen Sie auch von einem Liebsten oder Ihrer Lieblingsbeschäftigung. Oder Sie fragen sich, ob Sie Ihre Augen nicht schon wieder öffnen können und ob Sie alles »richtig« machen.

Meistens nehmen uns Gedanken so sehr in Anspruch, daß unsere Atmung flach bleibt und die Wahrnehmung anderer feiner Abläufe wie Körperempfindungen, der Atmosphäre im Raum oder der Bedeutung der Anwesenheit eines anderen Menschen ausgeblendet wird.

Dieses erste schnelle Experiment zeigt uns unseren Durchschnittszustand, unsere alltägliche Lebensweise: Wir leben in unserem Kopf, halten uns mit einer minimalen Luftzufuhr am Leben und agieren infolgedessen auf einem relativ niedrigen Energie- und Bewußtseinsniveau.

Wiederholen Sie jetzt das Experiment. Setzen Sie sich wieder bequem auf Ihrem Stuhl zurecht, und schließen Sie Ihre Augen. Konzentrieren Sie sich diesmal auf Ihren Atem statt auf Ihre Gedankenabläufe. Spüren Sie, wie die frische Luft beim Einatmen Ihre Nasenlöcher streift. Beobachten Sie, wie die Luft weiter in Brustkorb und Bauch strömt. Spüren Sie beim Ausatmen, wie die warme Luft aus Ihren Nasenlöchern fließt. Achten Sie darauf, wie Ihr Magen sich im Rhythmus der Atmung hebt und senkt.

Beobachten Sie, was geschieht, wenn Sie mit Ihrer Aufmerksamkeit vom Atem abschweifen. Sie verlieren sich in irgendwelche Gedanken und bemerken plötzlich, daß Sie mehrere Atemzüge gemacht haben, ohne sich derer bewußt gewesen zu sein. Ihre Aufmerksamkeit wandert ab, und Ihre Atmung wird wieder flach und automatisch.

Kehren Sie jedes Mal, wenn das geschieht, mit Ihrer Aufmerksamkeit zum Atmen zurück. Beobachten Sie jeden Atemzug bis in Ihren Unterleib und wie er von dort beim Ausatmen wieder hochsteigt. Haben Sie Geduld und Nachsicht mit sich. Die natürliche Folge der Beobachtung Ihres Atemflusses ist, daß Sie sich vom Kopf in den Körper begeben, aber das will geübt sein. Verbuchen Sie jeden Augenblick, den Sie mit Ihrer Aufmerksamkeit beim Atmen verweilen, und jede Rückkehr zum bewußten Atmen nach einem Abschweifen als Erfolg.

Machen Sie die Übung so lange, bis Sie den Unterschied zwischen automatischem Atmen mit gleichzeitigem Gedankenfluß und bewußtem Atmen ohne Denkimpulse deutlich spüren.

Hinweise

Manche Leute versteifen sich bei dieser Übung zu sehr darauf, mit dem Denken aufzuhören. Wenn das auf Sie zutrifft, werden Sie schon bald merken, daß Sie damit einen Konflikt in Ihrem Kopf hervorrufen, durch den Sie nichts gewinnen – außer vielleicht Kopfschmerzen. Das Denken wird nicht dadurch verschwinden, daß Sie beschließen, es nicht mehr zu beachten. Lassen Sie Ihren Kopf ruhig denken. Kichern Sie ruhig jedes Mal, wenn Sie bemerken, daß er Sie wieder einmal dazu verführt hat, zu irgendwelchen vergangenen oder zukünftigen Ereignissen abzuschweifen, und kehren Sie dann mit Ihrer Aufmerksamkeit zum Atmen zurück – in die Gegenwart. Das ist alles, was Sie tun können, und es reicht völlig aus.

Den inneren Geliebten wecken

Wir werden hinsichtlich Sex und Liebe stark von den Vorbildern aus der Glitzerwelt von Kulturindustrie und Mode beeinflußt. Wir machen uns die Hollywood-Ideale zu eigen und wünschen uns insgeheim, wir wären Supermann oder Superfrau mit vollendeter Figur, perfektem Haar und umwerfend gutem Aussehen, selbstbewußt und lässig im Gespräch und unwiderstehlich attraktiv für das andere Geschlecht.

Das heißt, wir möchten ein anderer Mensch sein als der, der wir sind. Oder wir fühlen uns gezwungen, uns anders zu verhalten, als uns in Wirklichkeit zumute ist. So können wir zum Beispiel ärgerlich auf jemanden sein und wollten trotzdem mitfühlend und liebevoll erscheinen. Oder wir möchten die beste Geliebte der Welt sein und sind in Wirklichkeit überhaupt nicht erregt oder haben keine Lust auf Sex. Dieser innere Konflikt hat unglückselige Folgen, weil uns die persönliche Kraft, die wir zur Entfaltung unseres wahren Potentials im Hohen Sex brauchen, so lange nicht voll zur Verfügung steht, bis wir uns nicht so akzeptieren, wie wir im Augenblick sind, mit all unseren Unvollkommenheiten. Im Hohen Sex müssen Sie bereit sein, den wirklichen authentischen Geliebten in sich zu wecken.

Bei der folgenden Übung werden Sie mit Ihrer Vorstellungskraft arbeiten – die Fähigkeit, geistige Bilder zu entwerfen. Wir imaginieren auf verschiedene Weise. Manche Menschen sehen deutliche Bilder. Andere haben körperliche Empfindungen. Es gibt nicht *den* richtigen Weg für die Vorstellungskraft. Im Verlauf des Erweckens Ihres inneren Geliebten werden Sie die Methode finden, die Ihnen persönlich am besten entspricht. Das, was Ihnen am leichtesten fällt, ist für Sie das Richtige.

Sinn und Nutzen

Der Sinn der nächsten Übung besteht darin, daß Sie sich selbst schätzen lernen, denn das ist der schnellste Weg, mit Ihrem inneren Geliebten in Kontakt zu kommen. Wenn Sie sich selbst lieben, entspannen Sie sich einfach in den Augenblick hinein. Sie akzeptieren, wer Sie sind, und können sogar die Tatsache hinnehmen, daß Sie sich manchmal nicht akzeptieren.

Vorbereitung

Suche Sie sich eine angenehme Umgebung, in der Sie zwanzig Minuten lang ungestört bleiben. Sie können sitzen oder sich hinlegen.

Spielen Sie eine sanfte, entspannende Musik (vgl. Anhang II).

Die Übung

Beginnen Sie mit der tiefen, entspannten Atmung, die Sie bereits gelernt haben, und lassen Sie den Atem bis hinunter in Brustkorb und Bauch und von dort wieder langsam aufsteigend aus dem Körper fließen. Atmen Sie so tief wie möglich, ohne sich dabei anzustrengen. Lassen Sie sich von der verstärkenden und reinigenden Macht des Atems bei dem Prozeß unterstützen, sich selbst mehr schätzen zu lernen.

Schließen Sie Ihre Augen, nehmen Sie einen weiteren tiefen Atemzug, und lassen Sie Ihre Hände auf Ihrem Herzen ruhen. Stellen Sie sich vor, eine Beziehung mit sich selbst einzugehen, bei der Sie beides, Liebender und Geliebte, sind. Spüren Sie Ihren Herzschlag. Beobachten Sie das Fluten und Verebben des Luftstroms in der Mitte Ihres Brustkorbs, spüren Sie, wie der Atem Ihren Brustkorb reinigt und entspannt. Atmen Sie leicht und sanft. Beobachten Sie, wie der Atem ein- und ausströmt. Bleiben Sie einfach beim Atem, ohne sich in irgendeiner Weise anzustrengen.

Lassen Sie dann eine Erinnerung, ein Bild oder ein Gefühl hinter Ihren geschlossenen Augen aufsteigen – vergegenwärtigen Sie sich eine Zeit aus Ihrer Vergangenheit, in der Sie sich geliebt und unterstützt, umsorgt und beschützt gefühlt haben. Vielleicht fällt Ihnen ein, wie Sie sich als kleines Kind im Arm Ihrer Mutter zurechtgekuschelt haben. Vielleicht spüren Sie die warme Umarmung eines Kindheitsfreundes oder die Zuneigung und das Wohlwollen einer Lehrerin aus Ihrer Schulzeit.

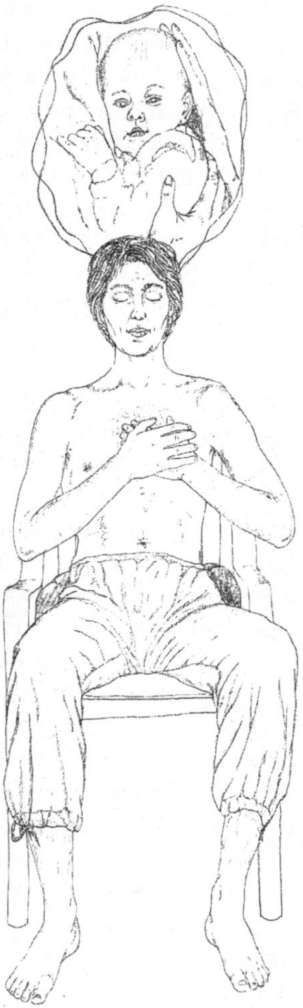

Spüren Sie das Vertrauen, die Zärtlichkeit und Lebenskraft, die mit diesem Gefühl verbunden sind. Freuen Sie sich an Ihrer kindlichen Unschuld, an Ihrer Verletzlichkeit und Offenheit.

Gehen Sie von hier aus langsam in der Zeit voran, und rufen Sie sich weitere Augenblicke ins Gedächtnis, in denen Sie sich total geliebt, offen, verletzlich und voller Energie gefühlt haben. Vielleicht sehen Sie sich in einem sonnendurchfluteten Garten Blumen pflücken oder in einer zutiefst be-

Auf diese Weise laden Sie beim Meditieren oder bei der aktiven Imagination den Geliebten ein und rufen bewußt sichtbare, hörbare, tastbare, riechbare und andere sinnliche Bilder herbei... Besitzt der Geliebte einen Körper, ein Gesicht, oder ist er ein Muster aus Energie oder Licht? Wie immer er aussehen mag, spielen Sie mit dem Bild, und schon bald werden Sie feststellen, daß es darauf reagiert, indem es konkretere Formen annimmt.

Jean Houston
The Search for The Beloved

glückenden Umarmung mit einem Menschen, den Sie sehr geliebt haben. Korrigieren und beschleunigen Sie die aufsteigenden Bilder nicht. Lassen Sie zu, daß sie sich in ihrem eigenen Tempo entfalten.

Atmen Sie tief, wenn Sie sich in die Betrachtung eines ausdrucksstarken, wohltuenden Bildes vertiefen. Bleiben Sie zuerst passiver Zuschauer, entspannt und empfänglich. Dann gehen Sie zu einer tiefen, rhythmischen Atmung über und greifen aktiv in die Szene ein. Fügen Sie möglichst viele Details hinzu. Lassen Sie die Farben, Geräusche, Gerüche, Materialien und Geschmäcker aus dieser Zeit neu aufleben: die Behaglichkeit im Arm Ihrer

Mutter, den Geruch ihrer Haare, den Duft der Blumen, die weiche Haut Ihres Liebsten.

Versuchen Sie, das Bild zu betreten, und verwandeln Sie sich vom bloßen Betracht er in einen Mitwirkenden. Während Sie durch tiefes, bewußtes Atmen »warmlaufen«, lassen Sie die Gefühle aus dieser Zeit erneut in Ihrem Herzen lebendig werden.

Legen Sie sich die Hände aufs Herz, während Sie sich noch mehr in das Bild vertiefen, und lassen Sie die Gefühle, die mit der Erfahrung einhergehen, in sich widerhallen. Vielleicht fühlen Sie die Freude von damals wieder, das Herzklopfen, die Aufregung oder das Gefühl, umsorgt zu werden. Wie beim Spüren der Hand in der letzten Übung benutzen Sie auch jetzt Ihre Atmung, um die Gefühle zu verstärken und sie intensiv und total zu erleben. Unterstützen Sie die Empfindungen mit dem Fluß Ihres Atems, bis sie den Blutkreislauf beschleunigen und die freudige Erregung des Augenblicks Sie erneut durchströmt. Lassen Sie sich ganz erfüllen von dem Gefühl, daß alles leicht, fließend und einfach ist.

Finden Sie ein Wort oder einen Satz, der das Gefühl von Wohlbehagen und Selbstliebe ausdrückt, das Sie in diesem Augenblick empfinden. Flüstern Sie: »Es fühlt sich schön an, mich zu lieben«, oder: »Es macht mir wirklich Freude, für mich da zu sein.« Wiederholen Sie diese positiven Aussagen so lange, bis Sie es wirklich genießen können, sie zu hören, bis Sie sich wohl damit fühlen, sie laut auszusprechen. Sie akzeptieren sich selbst und entdekken, wie einzigartig Sie sind. Sie beginnen, der Stimme Ihres inneren Geliebten zu lauschen. Während Sie sich für diese Stimme öffnen, können Sie vielleicht sehen, daß das Leben tatsächlich auf Ihrer Seite ist, immer bereit, Sie zu unterstützen, Sie zu lehren und Ihnen beim Wachsen zu helfen, wenn Sie es nur zulassen.

Kehren Sie dann langsam in die Gegenwart zurück, und lassen Sie Ihren Atem langsamer werden. Lassen Sie die Bilder, Erinnerungen und Gefühle mit dem Ausatmen los, als wären sie Vögel, die davonfliegen. Sie haben sich daran erinnert, wer Sie wirklich sind – ein liebenswerter Mensch. Sie sind Ihrem inneren Geliebten begegnet.

Wenn Sie dann zu Ihrem normalen Wachzustand zurückkehren, sollten Sie all die Augenblicke in Ihrem Leben bis zum heutigen Tag noch einmal kurz Revue passieren lassen, in denen Sie mit diesen tieferen Eigenschaften schon einmal in Berührung gekommen sind. Lassen Sie dann Ihrer Vorstellungskraft freien Lauf, und überlegen Sie, welche dieser Szenen Sie erneut durchspielen könnten – Augenblicke, in denen Sie loslassen und kindlich und verspielt sein können. Schreiben Sie diese Szenen auf. Hier ein paar Beispiele aus meiner eigenen Liste:

- eine ganz, ganz lange Umarmung;
- im Arm eines Freundes liegen, mich entspannen, Musik hören, ohne Pläne, ohne Absichten;

- eine lange, gründliche Massage bekommen;
- ausgiebig gekitzelt werden, wenn ich zu ernst bin;
- einem Kind hinterherlaufen und es nachahmen;
- Comics lesen;
- tanzen und mich auf dem Fußboden herumrollen.

Hinweise

Das Vorgehen beim Erwecken Ihres inneren Geliebten ist beispielhaft für ein sehr wichtiges Verhalten im Hohen Sex: Jedes Mal, wenn Sie Befriedigung empfinden, spüren Sie nach, vertiefen das Gefühl, werden eins damit, prägen es sich ein. Frisches Wasser trinken, wenn Sie sehr durstig sind, Ihren Liebsten nach einer langen Zeit der Trennung wiedersehen, während eines wunderschönen Sonnenuntergangs am Meer entlanggehen – schulen Sie Ihre Wahrnehmung für solche Augenblicke, wie unbedeutend sie auch sein mögen. Dadurch kann die Freude in Ihrem Leben wachsen, und Sie brechen mit der Denkgewohnheit, sich auf Probleme statt auf lustvolle Ereignisse zu konzentrieren. Das ist ein Weg, Ihr ekstatisches Potential zu vergrößern!

Die Herz-zu-Herz-Begrüßung

Nachdem Sie sich jetzt in Gestalt Ihres inneren Geliebten selbst begegnet sind, ist Ihr Herz wahrscheinlich voll Wärme und Freude, oder Sie fühlen sich einfach insgesamt wohl mit sich. Nach meiner Erfahrung hat Liebe immer eine spirituelle Dimension, die sich in dem Gefühl äußert, Teil einer größeren Schöpfung, Ausdruck des Unendlichen zu sein.

Wenn Sie mit dieser Dimension in sich in Berührung gekommen sind, spüren Sie den natürlichen Impuls, dieses Geschenk mit jemandem zu teilen, der Ihnen nahesteht. Das kann ein Freund, eine Geliebte oder Ihr Lebenspartner sein. Vielleicht stellen Sie auch fest, daß Sie Ihren Partner mit neuen Augen betrachten und auch in ihm den göttlichen Geliebten erkennen, die Verbindung zu einer umfassenderen Existenz. Wenn Sie Ihrem Partner mit der Haltung begegnen, »Ich bin liebenswert, und du bist genauso liebenswert«, entsteht sofort ein Gefühl von gegenseitiger Achtung.

Um diesem gegenseitigen Erkennen eine Form zu geben und um eine Gedächtnisstütze zu haben, die Sie daran erinnert, daß Sie beide sich darauf einlassen, im Hohen Sex Ihr höheres Selbst auszudrücken, werden Sie jetzt eine rituelle Begrüßung lernen. Sie wurde inspiriert vom traditionellen indischen *Namaste-Gruß*, der bedeutet: »Ich achte das Göttliche in dir.«

Sinn und Nutzen

Mit diesem Begrüßungsritual teilen Sie sich gegenseitig mit, daß Sie bereit sind, zu einem heiligen Augenblick

Die Herz-zu-Herz-Begrüßung.

überzugehen. Sie sagen Ihrem Partner: »Ich erkenne und achte dich von ganzem Herzen.« Solche kleinen Zeremonien, durch die wir unser übliches Verhalten und unsere alltäglichen Einstellungen hinter uns lassen, sind besonders hilfreich, wenn wir nach einem geschäftigen Tag voll hektischer Aktivitäten zum Liebesspiel übergehen wollen.

Während Sie sich zu dieser tiefen Verbindung bekennen, spüren Sie vielleicht den Wunsch, jeglichen Ärger auf Ihren Partner loszulassen. Mit der Herz-zu-Herz-Begrüßung treffen Sie beide die bewußte Entscheidung, das höhere Selbst des anderen zu achten und sich auf einer Ebene zu begegnen, die alles transzendiert, was zwischen Ihnen steht.

Mit dem Herz-zu-Herz-Begrüßungsritual sollten Sie sämtliche Übungen beginnen und beenden. Sie können diese Begrüßung auch allein machen und sie an Ihr höheres Selbst richten. Sie selbst sind Ihrer Liebe und Achtung ebenso wert wie Ihr Partner.

Vorbereitung

Wählen Sie einen ruhigen Raum, wo Sie nicht abgelenkt werden können.

Nehmen Sie sich fünf bis zehn Minuten Zeit für diese Übung.

Bei der folgenden Beschreibung gehe ich davon aus, daß Sie diese Übung mit einem Partner machen. Wenn Sie aber allein üben wollen, machen Sie die Herz-zu-Herz-Begrüßung mit Hilfe eines Spiegels.

Die Übung

Diese Übung mag Ihnen einfach vorkommen, aber es ist wichtig, die Körperhaltung genau zu beachten. Sie werden feststellen, daß diese Geste, wenn sie richtig ausgeführt wird, Ihre Energie auf die angenehmste Weise in Bewegung bringt und Ihnen beiden das deutliche Gefühl schenkt, den inneren Geliebten des anderen wahrzunehmen und zu achten.

Es gibt zwei Formen der Herz-zu-Herz-Begrüßung. Wählen Sie die, mit der Sie sich am wohlsten fühlen; Sie können aber auch beide abwechselnd machen. Die erste ist eine verbale Begrüßung, während bei der zweiten der heilige Ton »Om« gesungen wird, was Ihnen hilft, ganz in Ihrem Herzen zu sein.

Setzen Sie sich Ihrem Partner gegenüber, und schauen Sie sich ein paar Minuten lang entspannt in die Augen.

Mit dem Einatmen bringen Sie jetzt die Innenflächen Ihrer gewölbten Hände vor dem Oberkörper zusammen, wobei die Daumen auf dem Brustkorb ruhen. Spüren Sie, wie diese Geste Ihnen das Gefühl verleiht, wirklich da zu sein und sich zu öffnen. Jetzt schließen Sie beide die Augen. Beim Ausatmen beugen Sie sich aus der Taille heraus langsam vor, wobei der Rücken gerade bleibt. Beugen Sie sich in einem 45 Grad Winkel nach vorne, bis Sie sich beide mit der Stirn leicht berühren. Halten Sie diesen Kontakt einen Augenblick lang, und spüren Sie die Verbindung zwischen sich. Lassen Sie sich ganz von dem Gefühl gegenseitiger Achtung und Ehrerbietung erfüllen, das Ihnen diese Geste vermittelt, und vergessen Sie all Ihre sonstigen Sorgen, während Sie Ihre Atmung und Ihre Wahrnehmung zum Herzen lenken.

Beim Einatmen richten Sie sich mit geradem Rücken wieder auf und behalten die Position Ihrer Hände weiter bei.

Jetzt setzen Sie sich gerade hin, öffnen Ihre Augen, schauen Ihren Partner an und sagen: »(Name), ich achte das höhere Selbst in dir.«

Sie können je nach Vorliebe auch andere Wendungen benutzen, die ausdrücken, daß Sie die Vollkommenheit und Liebesfähigkeit Ihres Partners anerkennen.

»Ich achte dich, (Name Ihres Partners), als Teil des Göttlichen.«

»Ich achte dich, (Name Ihres Partners), als Teil meiner selbst.«

Wenn Sie jemanden lieben, sehen Sie ihn tatsächlich als göttliches Wesen. Nehmen Sie einmal an, daß das die Wirklichkeit ist und Ihr Geliebter Ihnen die Augen geöffnet hat. Durch die totale Hingabe und Ehrerbietung für diesen anderen Menschen, der ein Gott beziehungsweise eine Göttin ist, erkennen Sie in der totalen Verschmelzung den göttlichen Kern in ihm. Und dieser kommt sofort auf Sie zurück, und Sie entdecken Ihre eigene Göttlichkeit.

Alan Watts
Zeit zu leben

Während Ihr Partner die Begrüßung erwidert, können Sie diese Geste in ihrer ganzen Bedeutung in sich aufnehmen und spüren. Halten Sie die innige Zuneigung und den Respekt in Ehren, die durch diesen Gruß übermittelt werden. Spüren Sie, wie jeder von Ihnen die Fülle des ganzen Seins umfaßt, und treffen Sie sich in diesem Funken Göttlichkeit, trotz all der Unterschiede, die zwischen Ihnen existieren mögen.

Die Alternative zu dieser gesprochenen Begrüßung besteht darin, den Ton »OOOmmm« zu singen, während Sie beide sich vorbeugen. In östlichen Traditionen gilt »Om« als Wurzel allen Klangs, als »das Summen der Existenz schlechthin«. Sie werden vielleicht feststellen, daß das Singen von »Om« Ihnen hilft, Ihre Aufmerksamkeit nach innen zu richten. Beginnen Sie mit »Om« mit weit geöffnetem Mund, und formen Sie mit Ihren Lippen ein O. Lassen Sie den Ton tief aus Ihrem Bauch kommen und langsam schwingend laut werden. Gegen Ende Ihres Ausatmens schließen Sie die Lippen für den »mmm«-Teil des Tons.

Wenn Sie sich wieder aufrichten und sich in die Augen schauen, brauchen Sie nichts zu sagen, sondern lassen die Begrüßung einfach auf sich wirken und spüren nach, wie der Ton Sie zentriert hat.

Hinweise

Vielleicht müssen Sie diese Übungen wiederholen, bevor Sie in den vollen Genuß ihrer Wirkung kommen.

Nehmen Sie sich die Zeit, um noch einmal nachzuspüren, wie die Übungen in diesem Kapitel auf Sie gewirkt haben: Haben sie Ihnen Freude gemacht? Möchten Sie sie variieren oder abändern, damit sie Ihnen besser entsprechen? Sie können die Herz-zu-Herz-Begrüßung zum Beispiel im Sitzen ausführen oder Ihre eigene Begrüßungsformel erfinden. Spielen Sie, ändern Sie ab, und kreieren Sie Neues, aber achten Sie darauf, daß Sie die Reihenfolge der Trainingsschritte einhalten.

Sich dem Vertrauen öffnen

Im Hohen Sex ist es erforderlich, daß Sie mit Ihrem Partner auf einer tiefen Ebene kommunizieren. Wenn Sie sich von Herz-zu-Herz begegnen, wird Kommunikation zur innigen Gemeinschaft, und das Liebesspiel kann Sie zur Erfahrung von Ekstase tragen. Trotzdem stellt der Versuch, diese Tiefe in einer Partnerschaft zu entwickeln, oft eine Herausforderung dar, die Ängste hervorruft. So haben wir zum Beispiel häufig genau dann am meisten Angst, unsere Gefühle zu zeigen, wenn wir unseren Liebsten am stärksten begehren. Wir denken dann: »Was, wenn ich ihm mein Herz ganz enthülle, und er weist mich zurück?«

Wenn Sie sich auf Hohen Sex tiefer einlassen, werden während der Übungen möglicherweise auch Gefühle von Unsicherheit und Verletztheit auftauchen. In gewisser Weise haben diese Praktiken die gleiche Wirkung wie Liebe: Sie öffnen sich für schöne Gefühle, aber es wird auch der Weg für alten, unausgedrückten Groll aus früheren, schwierigen sexuellen Erfahrungen frei. So können Sie beispielsweise denken, Sie seien bereit, mit einer Übung anzufangen, und müssen kurz darauf trotzdem erstaunt feststellen, daß Sie Angst haben. Solche Gefühle sind normal. Sie führen zu Fortschritten beim Durchbrechen alter Verhaltensmuster, durch die Sie sich bislang eingeschränkt haben.

Die alten Griechen nannten diese Ängste und Widerstände unsere »Dämonen«; die Tibetaner bezeichneten sie als »Monster«. Alle spirituellen Traditionen haben für diese Kräfte Namen und Mythen sowie unterschiedliche Methoden entwickelt, mit ihnen umzugehen. Aber in einem Punkt stimmen alle überein: Wenn Sie wissen, wie Sie wach und in Ihrer Mitte bleiben können, sobald die Dämonen auftauchen, können Sie sich Ihnen stellen und sie akzeptieren. Und indem Sie sich mit ihnen anfreunden, können sie sogar zu ihren Verbündeten werden, statt Feinde zu sein, und damit können Sie sie schließlich transzendieren.

Wenn die Partner offen über ihre Ängste sprechen, wird neues Vertrauen wachsen können. Der allmähliche Prozeß, sich für Vertrauen zu öffnen, läßt sich mit Worten etwa so ausdrücken: »Je mehr du mir vertraust, desto mehr fühle ich mich akzeptiert. Je mehr ich mich akzeptiert fühle, desto offener und verletzlicher kann ich mit dir sein. Je offener und verletzlicher wir miteinander sind, desto größer ist die Nähe zwischen uns. Je größer die Nähe zwischen uns ist, desto mehr kann unsere Liebe wachsen.«

Mit Vertrauen läßt sich auch die Freundschaft beschreiben, die sich zwischen zwei Partnern entwickeln kann, nachdem der erste romantische Rausch vorbei ist und sie angefangen haben, die Unterschiede zwischen sich zu sehen und sich damit auseinanderzusetzen – wenn zum Beispiel ein Partner Sex haben möchte und der andere nicht, oder wenn der eine Berührungen mag, die der andere wenig reizvoll findet. In diesem Zusammenhang bedeutet Vertrauen, daß es über diese Gegensätze hinaus eine tiefergehende Verbindung und ein weiter gefaßtes Eingehen aufeinander gibt. Sie haben das Gefühl, einen gemeinsamen Weg zu gehen, und der Austausch zwischen Ihnen lehrt Sie beide, reifer und verständnisvoller zu werden. In einer Atmosphäre gegenseitigen Vertrauens machen Sie Ihrem Partner keine Vorwürfe, wenn er Ihre Wünsche nicht erfüllt. Sie akzeptieren die Tatsache, daß Sie verschiedene Menschen sind, und können trotzdem sehen, daß Sie beide kostbare Geschenke in die Beziehung einbringen.

In einem »heiligen Raum« können Sie Ihre Ängste in einem sicheren, geschützten Rahmen zeigen, sich mit ihnen »anfreunden« und sehen, daß sie harmlos sind. Der heilige Raum ist ein Ort, wo Sie sich und Ihrem Partner die Gelegenheit geben, durchschaubar zu sein, in dem Sie zu erkennen geben, wer Sie sind, was Sie fühlen, wie Sie denken und – was vielleicht am wichtigsten ist – wie Sie für den anderen auf einer tieferen Ebene erreichbar werden.

Möglicherweise vermittelt Ihnen Ihr Schlaf- oder Wohnzimmer in seinem augenblicklichen Zustand nicht das Gefühl, ein besonderer, heiliger Ort zu sein. Vermutlich sind die Räume zu voll mit alltäglichen Dingen, um sich für das Erleben tieferer Seinsdimensionen zu eignen. Aber keine Sorge, selbst die scheinbar ungeeignetsten Räume und Plätze können im Handumdrehen in eine Zauber verbreitende Umgebung verwandelt werden.

Vielleicht haben Sie bereits selbst Erfahrungen mit einem besonderen Platz, einem Heiligtum gemacht, auch wenn Sie diesen Begriff bislang dafür nicht verwendet haben, und kennen ein kerzenbeleuchtetes, romantisches Restaurant, einen abgelegenen Strand, eine Flitterwochen-Hotelsuite oder einen anderen Platz mit besonderer Atmosphäre.

Im Hohen Sex brauchen Sie für die Begegnung mit Ihrem Partner einen besonderen Ort, der dem Liebesspiel als einer Kunst vorbehalten ist. In einer solchen Umgebung starrt Sie nicht der Fernsehbildschirm am Fußende Ihres

Bettes an, klingeln weder Telefon noch Wecker, klopfen die Kinder nicht an die Tür oder spielen wild und geräuschvoll direkt nebenan. Und Sie haben nicht das Gefühl, Sex noch schnell zwischen die letzte Fernsehsendung und das erste schläfrige Gähnen quetschen zu müssen.

Dieses Heiligtum soll Ihnen nicht nur Schutz vor der äußeren Welt bieten, sondern auch anregend zu außergewöhnlich schönen Liebesspielen beitragen. Es sollte Ihr persischer Lustgarten sein, Ihr tantrischer Tempel für sexuelle Erfüllung, Ihr japanisches Teehaus für köstlichste Genüsse. Dies ist Ihr heiliger Raum, der ekstatische Liebesspiele fördert und in dem Sie zutiefst glücklich sein werden.

Wenn Liebende sich sexuell vereinigen, ohne sich äußerlich und innerlich darauf einzustimmen, müssen sie oft feststellen, daß sie sich zwar körperlich nahekommen, emotional aber abwesend sind. Ann, eine Klientin, erzählte mir von einem Abend, an dem sie ihren Freund John zum Liebesspiel überredete. »Auch wenn ich im Kopf hatte, mit ihm zu schlafen, erkannte ich schnell, daß sich unsere sexuellen Energien nicht wirklich verbanden«, erklärte sie. »Er fühlte sich mechanisch an; unsere Körper machten die üblichen Bewegungen, aber innerlich waren wir nicht daran beteiligt.«

Da auch John das bemerkte, hörten sie einfach auf und suchten Wege, um ihre übliche Umgebung exotisch zu

verzaubern und ihrem Ritual Glanz zu verleihen, indem sie sich gegenseitig ihre Lieblingsgegenstände als Geschenk überreichten. »Ich genieße deinen formvollendeten Geist«, verkündete John, während er Ann ein Kristallei überreichte. Ann schenkte ihm eine Flöte und sagte verführerisch: »Ich genieße es, mich wie die Flöte zu fühlen, auf der du des Nachts spielst.«

Ann erzählte mir: »Uns gefiel dieses Ritual so gut, daß wir alles andere vergaßen. Wir fuhren damit fort, bis wir vor einem Berg von Geschenken vom Christbaumschmuck bis zu alten Ansichtskarten saßen. Bald darauf begannen wir uns zu lieben. Dieses Mal nahmen wir beide von ganzem Herzen an dem Fest teil, und je länger wir feierten, desto schöner wurde es.«

Den heiligen Raum herrichten

Einigen Menschen sind Rituale unangenehm, weil sie sie mit obskuren religiösen Praktiken verbinden. Aber Rituale können feierliche Festlichkeit in unser Alltagsleben bringen. Sie reichen von der einfachen Geste des Handschlags bis zum Ehegelübde und dem Besuch des Weihnachtsmannes an Heiligabend. Mit einem Ritual verleihen Sie einem Ereignis sowie den daran teilnehmenden Menschen mit Hilfe Ihrer eigenen individuellen Gesten eine besondere Bedeutung, die das Geschehen über das Alltagsleben hinaushebt. Auf die gleiche Weise wird das gemeinsame Einrichten Ihres Heiligtums helfen, Ihr Liebesspiel in einen besonderen, heiligen Akt zu verwandeln.

Sinn und Nutzen

Wenn Ihre Sinne alle gleichzeitig angesprochen werden – durch Farben, Klang, verschiedene Materialien, Rhythmen, Formen und Gegenstände – ist das für Sie ein Anreiz, sich mit Ihrer ganzen Begeisterung und Kreativität in das Erlernen der Kunst des Hohen Sex einzubringen. Eine gewisse Ritualisierung am Beginn Ihrer Liebesbegegnung hilft Ihnen dabei. Sie sollten alle weiteren Übungen aus diesem Buch in Ihrem heiligen Raum machen.

Vorbereitungen

Suchen Sie ein Zimmer oder einen Platz aus, den Sie in Ihren heiligen Raum verwandeln wollen. Machen Sie gründlich sauber, und entfernen Sie überflüssige Möbel und Sachen. Der Raum für das Heiligtum sollte möglichst leer sein, damit Sie sich darin frei bewegen können.

Bei dieser und der folgenden Übung gehe ich davon aus, daß Sie einen Platz von ungefähr acht Quadratmetern zur Verfügung haben. Sie brauchen ihn später auch für Tanz- und Dehnübungen. Sollten Sie aber keinen Platz von dieser Größe haben, können Sie die Übungen und Rituale auch dem Schnitt Ihres Raumes anpassen.

Richten Sie sich für den Hohen Sex einen heiligen Raum her.

Wissen Sie noch, wie Sie sich als Kind in Ihrem Elternhaus besondere Plätze eingerichtet und ihnen mit den simpelsten Dingen eine magische Bedeutung verliehen haben? Diese Magie können Sie auch heute noch hervorzaubern. Versetzen Sie sich in dieses Kind, und erleben Sie, wie Sie mit Hilfe Ihrer Vorstellungskraft einen ganz gewöhnlichen Platz in einen phantastischen und besonderen Ort verwandeln können.

Sie können Blumen und Kerzen aufstellen, Glöckchen, Räucherwerk und Ihr Lieblingskunstwerk wie ein schönes Gemälde, eine reizvolle Skulptur, ein Poster oder ein ganz persönliches Erinnerungsstück. Einige meiner Workshopteilnehmer schaffen sich gerne besondere »Kraftobjekte« an – einen Zauberstab, einen Bergkristall, ein tibetanisches *Vajra Dorje*, das Donnerkeilsymbol, die Friedenspfeife eines indianischen Medizinmannes oder anderes –, von denen Sie das Gefühl haben, daß sie Energie verstärken und übertragen können. Solche Gegenstände haben bei den traditionellen heiligen Ritualen der verschiedensten Kulturen eine wichtige Rolle gespielt. So können zum Beispiel Kerzen für die Reinheit des Geistes stehen, Glöckchen für die Klarheit des Denkens, ein bestimmter Stein für das Erden Ihrer Energie, Federn für die Leichtigkeit des Seins oder Kristalle für die eigenen inneren Kräfte. Wenn Sie während eines Rituals diese Gegenstände anblikken oder sie in die Hand nehmen, kann das Ihr Selbstvertrauen stärken.

Ihr heiliger Raum gewinnt hoch an Ausstrahlung, wenn Sie sich schön kleiden. Ziehen Sie sich vor dem Ritual, nachdem Sie geduscht haben, besonders die Sinne ansprechende Kleider an. Locker sitzende Kleidungsstücke, die Ihren Körper nur leicht bedecken, eignen sich dafür am besten. Seidenkimonos und Kleidung aus Samt sind wunderbar schmeichelnd für die Haut. Ein besonderes Make-up und eine ausgefallene Kopfbedeckung können den erotischen Reiz noch erhöhen.

Die Beleuchtung sollte sanft und indirekt sein. Kerzen in schönen Haltern zaubern eine geheimnisvolle Atmosphäre. Sie können das Licht auch leicht dämpfen, indem Sie einen bunten Schal über den Lampenschirm drapieren.

Überlegen Sie sich, welche Klänge Ihnen ein angenehmes Gefühl von Klarheit und Entspannung vermitteln, vielleicht Glöckchen, ein Glockenspiel oder eine tibetanische Klangschale. Diese können Sie in der flachen, ausgestreckten Hand halten, während Sie den Rand mit einem hölzernen Klöppel anschlagen. Damit erzeugen Sie einen klaren Klang, der in unzähligen feinen Echos und Harmonien weiterschwingt und ganz langsam verebbt. Diese Tempelklänge besitzen die mysteriöse, aber unbezweifelbare Fähigkeit, unseren Verstand zu heilen. Beim Lauschen dieser Klänge wird Ihr Verstand klar, und lästige Gedanken verfliegen. Sie kommen mehr in Ihre Mitte und wer-

Musikinstrumente und kraftspendende Gegenstände.

den friedlicher. Sie können auch eine Trommel, ein Tamburin, einen Triangel oder einen Gong mit einem angenehmen Klang verwenden. Musik auf Kassetten, wie sie im Anhang empfohlen wird, reicht auch, aber Sie sind lebhafter dabei, wenn Sie mit Händeklatschen, Singen, Trällern oder Trommeln Ihre eigene Musik machen.

Düfte von bestimmten Pflanzen, die mit Hilfe von Aromalampen oder Zerstäubern verbreitet werden, können wohltuend zur Schaffung der richtigen Atmosphäre beitragen. Die »Aromatherapie« bewirkt, daß durch die Verdunstung reiner Pflanzenessenzen das Nervensystem beruhigt, die Nebenhöhlen gereinigt, erotische Gefühle intensiviert, die geistige Klarheit gefördert und der Körper angeregt werden. Für aromatische Düfte benötigen Sie nicht mehr als einen wassergefüllten Pflanzenzerstäuber, in den Sie einige Tropfen Ihrer Lieblingsessenz wie Pfefferminzöl, Eukalyptus, Zitrone oder Ylang-Ylang geben.

Für diese Übung habe ich Gesten und Bewegungsabläufe aus Ritualen anderer Kulturen miteinander verwoben, die eine heilige Atmosphäre schaffen. Vielleicht kommt Ihnen das alles zunächst peinlich, fremd oder sogar kindisch vor.

Auf solche Vorhaltungen antworte ich in Seminaren meistens: »Wären Sie denn hier, wenn Sie nicht bereit wären, über das, was Sie schon kennen, hinauszugehen? Dieses Ritual bietet Ihnen die Gelegenheit, etwas Neues auszuprobieren. Wenn Sie diese kleine Hürde nehmen, werden Sie sehen, daß Sie damit mehr Humor, Offenheit und Mut gewinnen, auf dem Weg zum Hohen Sex weiter vorzudringen.«

Ich habe Rituale in Gruppen mit Hunderten von Menschen und auch allein mit meinem Liebsten durchgeführt, und immer haben wir damit die schönsten Situationen geschaffen und das freudige Gefühl gehabt, mit jemandem ein köstliches Geheimnis zu teilen.

Nehmen Sie sich für die folgende Übung fünfundvierzig Minuten Zeit.

Sie können das Ritual allein oder mit einem Partner machen. Wenn Sie es allein machen, sollten Sie sich noch einmal daran erinnern, daß Sie sich damit selbst Lust schenken und Ihr Gefühl für Ihr eigenes inneres Potential, für Ihren inneren Geliebten stärken wollen. Mit einem Partner zusammen machen Sie jeden Schritt gemeinsam.

Die Übung

Machen Sie alles langsam, bewußt und meditativ, so als würden Sie eine schamanische Zeremonie leiten.

Stellen Sie sich an den Rand des Platzes, der zu Ihrem heiligen Raum werden soll, mit dem Gesicht zur Mitte. Drehen Sie sich zusammen mit Ihrem Partner nach links, und ziehen Sie drei Kreise, indem Sie gegen den Uhrzeigersinn um den Raum herumgehen. Das schließt an das Vorgehen uralter Riten an, bei denen die Teilnehmer sich gegen den Uhrzeigersinn bewegen, um Plätze energetisch aufzuladen und negative Kräfte zu transformieren.

Stellen Sie sich beim Gehen vor, daß Sie negative Energien aus dem Raum scheuchen. Singen oder murmeln Sie folgende Affirmation: »Mögen negative Energien wie Sorge, Angst, Ärger, Gier und Ungeduld diesen Raum verlassen. Sollten sie zurückkommen, dann nur, um verwandelt zu werden.« Fügen Sie nach Belieben weitere Sätze in der Art hinzu: »Ich schicke jetzt (das Gefühl oder die Haltung Ihrer Wahl) aus diesem Raum.« Betonen Sie Ihre Affirmation, indem Sie nach jedem Satz trommeln oder das Tamburin schlagen.

Nachdem Sie die drei Kreise beendet haben, bleiben Sie mit dem Gesicht zu dem besonderen Platz stehen, den Sie geschaffen haben, und atmen einige Male tief ein.

Dann drehen Sie sich nach rechts und ziehen drei weitere Kreise, indem Sie im Uhrzeigersinn um den Platz

Jedes Ritual ist eine Gelegenheit zur Transformation. Um das Ritual durchzuführen, mußt du bereit sein, dich in irgendeiner Weise transformieren zu lassen. Diese innere Bereitschaft verleiht dem Ritual Leben und Macht.

Starhawk

gehen. Damit folgen Sie der Sonnenbewegung am Himmel, und in alten Zeiten war dieses Kreisen dazu gedacht, die Kraft der Sonne und der Naturelemente in den Kreis zu ziehen, ihn energetisch aufzuladen und den Ort zu segnen.

Stellen Sie sich beim Gehen vor, daß durch Ihr Herz heilende Energie und Liebe in den Raum fließen. Singen oder sprechen Sie folgende Affirmation: »Möge die Liebe meines Herzens diesen Raum jetzt erfüllen und uns schützen.«

Am Ende bleiben Sie wieder mit Blick zur Kreismitte stehen. Fassen Sie sich nach ein paar tiefen Atemzügen an den Händen, und treten Sie gemeinsam in den Kreis. Öffnen Sie Ihre Sinne und Ihren Geist für neue Möglichkeiten und Erfahrungen in dieser Umgebung. Lassen Sie kritische Gedanken und Urteile beiseite. Sie befinden sich in Ihrem heiligen Raum. Erklären Sie sich bereit, sich an ihm zu erfreuen und für die Übungssitzungen hierher zurückzukehren.

Suchen Sie sich als nächstes mit Ihrem Partner zusammen einen Platz aus, wo Sie bequem liegen oder sitzen können. Dies wird die Grundlage für Ihre Forschungsreise zum Hohen Sex sein. Es kann aus einem Bett, einer Matratze, einem Stück Schaumstoff oder einem kleinen Teppich am Boden bestehen. Legen Sie auf diesen Platz ein schönes Laken oder eine schöne Decke, und rahmen Sie ihn mit Pflanzen, Blumen und Kerzen ein.

Stellen Sie vier Kerzen um das Bett oder die Decke auf, eine für jede der vier Himmelsrichtungen. Dabei verbeugen Sie sich in jede Richtung, um die Inspiration und den Schutz durch die vier Naturelemente einzuladen, die diese Richtungen repräsentieren:

Der Norden steht für das Element Luft – für Wissen und Intelligenz. Ihre Einladung kann lauten: »Ich rufe die Kräfte des Nordens, die mächtigen Winde der Veränderung und Umwandlung. Mögen sie uns Intelligenz und Urteilskraft bringen.«

Der Süden steht für das Element Wasser – für Fließen, Vertrauen, Unschuld. Versuchen Sie es mit folgender Einladung: »Ich rufe die Kräfte des Südens, der heilenden Wasser der Tiefe. Mögen sie unsere Herzen reinigen und unsere Emotionen voll Unschuld und Vertrauen fließen lassen.«

Der Westen repräsentiert das Element Erde – Erdung, Gleichgewicht, Stärke und Selbstbeobachtung. Ihre Einladung kann sich an folgendes Beispiel anlehnen: »Ich rufe die Kräfte des Westens, die transformierenden Mächte der Erde, die alles zum Wachsen bringen. Mögen sie uns Erneuerung, Gesundheit und kreative Anregungen bringen.«

Der Osten steht für das Element Feuer – für Erleuchtung, Leidenschaft, Klarheit, Schönheit und Offenbarung. Sagen Sie zum Beispiel: »Ich rufe die Kräfte des Ostens, die reinigenden Feuer der Erleuchtung. Mögen sie uns helfen, unseren Geist zum Leuchten zu bringen, auf daß er uns Weisheit und Einsicht schenkt.«

Durch diese Einladungen bekennen Sie sich im Einklang mit der tantrischen Sichtweise dazu, mit den vier Urkräften des Universums – Wasser, Erde, Luft und Feuer – verbunden zu sein, aus denen auch Ihr Körper besteht.

Nehmen Sie sich noch einen Augenblick Zeit, um sich an der zarten Stimmung zu erfreuen, die Sie geschaffen haben: Pflanzen und Blumen, weiches Licht, Duftnebel in der Luft und besänftigende Klänge.

Beenden Sie die Zeremonie mit der Herz-zu-Herz-Begrüßung.

Hinweise

Ab jetzt werde ich Sie vor jeder Übung bitten, Ihren heiligen Raum vorzubereiten. Das heißt nicht, daß Sie jedes Mal das ganze Ritual zur Weihung des Raumes wiederholen müssen. Es wird Ihnen aber zugute kommen, wenn Sie zumindest mit einem kürzeren Ritual eine deutliche Grenze zu Ihrem Alltagsleben ziehen.

Die Verschmelzungsumarmung

Nachdem Sie Ihren heiligen Raum eingerichtet haben, sind Sie jetzt bereit, ihn in Gebrauch zu nehmen. Was wäre ein besserer Anfang als eine lange, innige Umarmung?

Sinn und Nutzen

Auch wenn Umarmungen für Sie leicht und selbstverständlich sein mögen, habe ich doch festgestellt, daß viele

Menschen dabei befangen sind. Im Arm gehalten zu werden ist eine so einfache, tiefe, ersehnte Erfahrung, die trotzdem anfangs Scheu und manchmal auch stärkere emotionale Reaktionen hervorrufen kann.

Umarmungen sind wichtig für uns, liebevolle Umarmungen haben sogar eine therapeutische Wirkung. Sie können uns das Gefühl wiedergeben, zärtlich geliebt und beschützt zu werden – diese ursprüngliche, wortlose Sicherheit und das Wohlbehagen, das wir als Kinder unschuldig gefordert haben, uns als Erwachsene aber selten zu erleben gestatten. Statt dessen umgeben wir uns oft mit Schutzwällen und Widerständen, die uns davor bewahren sollen, zu intensiv zu fühlen. Je tiefer wir uns auf die Übungen und den Hohen Sex einlassen, desto deutlicher können solche Widerstände hervortreten.

Vorbereitungen

Wenn ich Menschen mit dem Umarmen vertraut mache, sagen sie oft, daß sie in diesen Augenblicken körperlicher Nähe mehr über einander erfahren, als durch tagelangen verbalen Austausch. Einige typische Reaktionen auf diese Übung sind:

»Ich habe mich gefühlt, als ob du mich einfach grabschen wolltest. Mir war das zu heftig.«

»Du warst ganz sanft und offen. Ich hatte das Gefühl, daß ich dir vertrauen kann.«

»Du hast dich so angespannt angefühlt, da konnte ich mich auch nicht entspannen.«

»Du hast mich wie eine zarte Wolke eingehüllt, und ich bin einfach dahingeschmolzen.«

Seien Sie bei dieser Übung einfach offen für alles, was passieren kann, und seien Sie auch darauf vorbereitet, Ihrem Partner ehrlich mitzuteilen, was Sie empfunden haben.

Nehmen Sie sich fünfzehn Minuten Zeit für diese Übung.

Machen Sie diese Übung mit Ihrem Partner zusammen.

Die Übung

Fangen Sie damit an, sich anzuschauen, welche Gefühle bei Ihnen während einer Umarmung hochkommen, indem Sie aufeinander zugehen und sich umarmen. Versuchen Sie dabei ganz natürlich zu sein und nichts Besonderes daraus zu machen. Umarmen Sie sich drei Minuten lang. Das kann Ihnen lange vorkommen, weil wir uns normalerweise ebenso flüchtig umarmen, wie wir uns die Hand geben, aber Sie werden dadurch Zeit haben, Ihre Reaktionen genau zu erforschen.

Lösen Sie sich dann vorsichtig voneinander, schließen Sie Ihre Augen, und fühlen Sie nach, wie Sie die Umarmung empfunden haben. Achten Sie darauf, ob Widerstände auftauchen.

Diese Widerstände können ein Zeichen für Grenzen sein, die Sie sich bewußt oder unbewußt gesetzt haben.

Waren Sie zurückhaltend oder nervös? Sind irgendwelche Körperteile verkrampft geblieben? Haben Sie zeitweise den Atem angehalten? Wenn ja, warum? War das Ausdruck einer Angst vor Nähe, die Sie sich vielleicht etwas genauer anschauen möchten?

Und wie ging es Ihnen mit Ihrem Partner? Überprüfen Sie jetzt auch, wie Sie sich mit ihm gefühlt haben.

Setzen Sie sich dann einander gegenüber.

Partner A beginnt ehrlich mitzuteilen, was er selbst gefühlt und wie er Partner B empfunden hat. Partner B ist empfänglich und hört aufmerksam zu.

Wenn Partner A fertig ist, erzählt Partner B, wie er die Umarmung empfunden hat.

Bei einigen Paaren sieht man anfangs oft die – so nenne ich sie – »Donald-Duck-Umarmung«. Sie kommen wie zwei Cartoon-Enten zusammen, bei denen sich nur die Oberkörper treffen, während die Unterleiber voneinander wegstreben. Dieser Austausch vermittelt das Gefühl: »Gut, sind wir freundlich miteinander, aber wir sollten uns nicht zu nahe kommen.«

Im Hohen Sex wünschen wir uns eine innige Umarmung, an der der ganze Körper beteiligt ist und die aus vollem Herzen kommt. Diese Umarmung nenne ich Verschmelzungsumarmung. Dabei gehen Sie wie folgt vor:

Sie stehen sich gegenüber und nutzen dabei den ganzen Raum für Ihren Abstand. Beginnen Sie mit einer Herz-zu-Herz-Begrüßung im Stehen.

Die Donald-Duck-Umarmung.

Dann gehen Sie langsam aufeinander zu, behalten dabei Augenkontakt und bleiben so entspannt wie möglich. Atmen Sie tief und voll, aber ohne jede Anstrengung. Wenn Sie direkt voreinander stehen, breiten Sie Ihre Arme in einer Geste des Willkommens aus, bei der sich auch Ihre Hände für den anderen öffnen.

Beim Berühren schmiegen Sie sich mit dem Brustkorb aneinander und legen langsam die Arme umeinander. Lassen Sie Ihre Hände spüren, daß Sie

Die Verschmelzungsumarmung.

wirklich Fleisch, Knochen und Muskeln halten, ohne Druck auszuüben. Das Ziel besteht nicht darin, sich fest zu drücken – Liebe läßt sich nicht in ausgeübtem Druckgewicht pro Quadratzentimeter messen –, sondern sich mit dem ganzen Körper zu umarmen.

Lassen Sie Ihr Becken los, damit es sich vorwärtsbewegen und das Becken Ihres Partners berühren kann. Schmiegen Sie sich auch mit den Oberschenkeln und den Bäuchen aneinander. Lassen Sie Ihre Knie leicht gebeugt, um damit Ihr Gleichgewichtsempfinden und Ihre Erdung zu festigen. Entspannen Sie sich am ganzen Körper immer mehr, um miteinander verschmelzen und sich vertrauensvoll in eine Umarmung fallen lassen zu können, in der Sie sich so sicher und gelöst fühlen wie als Kind im Arm Ihrer Mutter.

Beginnen Sie nach ein, zwei Minuten auf den Atemrhythmus Ihres Partners zu achten. Stimmen Sie Ihre eigene Atmung harmonisch darauf ein, so daß Sie gemeinsam sanft ein- und ausatmen. Wenn sich Ihre Atmung leicht und harmonisch im selben Rhythmus vollzieht, fahren Sie ein paar Minuten damit fort; andernfalls können Sie warten, bis Sie etwas mehr Erfahrung haben und sich das gemeinsame Atmen natürlich ergibt. Sie müssen sich nicht anstrengen. Bei dieser Übung geht es darum, sich anzunehmen und zu empfangen, sich zu genießen und ineinander zu tauchen. Daher kommt die Bezeichnung Verschmelzungsumarmung.

Beenden Sie die Übung mit der Herz-zu-Herz-Begrüßung.

Hinweise

Vielleicht finden Sie Anweisungen für das Umarmen überflüssig, aber nachdem Sie die Verschmelzungsumarmung mehrmals praktiziert haben, werden Sie entdecken, daß auch diese simple Handlung im Hohen Sex in eine Kunst verwandelt werden kann. Nach und nach werden Sie feststellen, wie dabei zwischen Ihnen und Ihrem Partner eine wundervolle Energie fließt. Die Grenzen zwischen Ihnen beiden scheinen sich aufzulösen, und Sie verwandeln sich in ein einziges, vibrierendes Energiefeld.

Wenn Sie allein sind, können Sie die gleichen Gefühle wie bei der Verschmelzungsumarmung hervorrufen, indem Sie sich auf einem weichen Teppich vor einem Kaminfeuer oder in Ihrem Bett zusammenrollen oder sich auf andere Weise ein warmes, kuscheliges und wohltuendes Gefühl verschaffen.

Widerstände überwinden

An diesem Punkt mögen Sie denken: Ein heiliger Raum, eine Verschmelzungsumarmung und die Verheißung sexueller Ekstase – das klingt ja alles großartig. Aber wie soll ich dahin kommen, so, wie ich jetzt bin? Was ist mit all meinen Ängsten, Zweifeln mit meiner Scheu und meinem Zögern? Und was ist mit der Skepsis meines Partners?

Wir neigen zu der Annahme, daß wir gegen unsere sogenannten »negativen« Emotionen wenig tun können, weil wir glauben, daß Gefühle kommen und gehen, wie es ihnen gefällt, und es nicht in unserer Macht steht, sie zu beeinflussen. In der Hoffnung, sie mögen verschwinden, verstecken wir Gefühle, die wir ablehnen oder die wir verleugnen möchten, und zeigen nur die, die als akzeptabel gelten. Im Hohen Sex ist es jedoch wichtig, daß wir uns unsere Ängste, Projektionen und Phantasien eingestehen und sie unserem Partner mitteilen.

Sie haben bereits damit begonnen, die Bedingungen für Nähe herzustellen. Jetzt ist es an der Zeit, nach innen zu schauen und zu sehen, ob Sie unausgesprochene Ängste und Vorbehalte haben, die Sie daran hindern, sich in Gegenwart Ihres Partners sicher und entspannt zu fühlen. Nachdem Sie jetzt in der Verschmelzungsumarmung die Herzensverbindung gespürt haben, ist der Zeitpunkt gekommen, auf einer tieferen Ebene darüber offen miteinander zu sprechen. Wenn Sie Ihre negativen Gefühle verstecken, verstärken Sie sie, aber durch das Mitteilen in einer aufrichtigen und vertrauensvollen Atmosphäre verlieren diese ihre Macht.

Sexuelle Ekstase ist nicht damit vereinbar, daß Sie Ihre Gefühle verstekken, weil die Verheimlichung eine Spaltung in Ihnen erzeugt, und das wiederum hindert Sie daran, sich dem Liebesspiel von ganzem Herzen hinzugeben. Das letzte Ziel im Hohen Sex besteht aber gerade darin, sich auf Erfahrungen so tief wie möglich einzulassen.

Ich arbeite oft mit Paaren, die nicht verstehen, warum die sexuelle Anziehungskraft zwischen ihnen verschwunden ist, obwohl sie sich noch lieben. Nach ein paar Sitzungen wird deutlich, daß sie im Laufe der Zeit Groll aufgestaut haben. Wenn die Partner dann zusammenkommen, fühlen sie sich emotional verkrampft und folglich auch von ihren sexuellen Gefühlen abgeschnitten. Sie haben Angst, den anderen zu verletzen oder der Beziehung zu schaden, wenn sie ihre Gefühle ehrlich mitteilen.

Im Rahmen des Hohen Sex fallen viele unserer negativen Emotionen unter die Kategorie »sexuelle Ängste«. Solche Ängste beruhen auf allen möglichen falschen Vorstellungen davon, was es heißt, das Liebesspiel intensiver zu erleben oder uns zu öffnen und zu äußern, was wirklich in uns vorgeht. Angst kann zu der Sorge führen, verletzt zu werden, lächerlich zu erscheinen oder unseren Partner zu enttäuschen.

Einige führt Sex zur Heiligkeit; für andere ist er der Weg in die Hölle... es kommt ganz auf den persönlichen Standpunkt an.

Henry Miller
Die Welt des Sexus

Von diesen Konditionierungen können Sie sich am leichtesten dadurch befreien, daß Sie Ihre sexuellen Ängste herausfinden und äußern.

Sinn und Nutzen

Diese Übung hilft Ihnen, negative Einstellungen zu erkennen und loszulassen, Ihre sexuelle Energie freizusetzen und Vertrauen und Intimität in Ihrer Partnerschaft zu vertiefen. Sie ist eine einfache Kommunikationsübung, die aus drei Teilen besteht: sexuelle Ängste äußern, sexuelle Phantasien mitteilen und eine sexuelle Gipfelerfahrung beschreiben.

Auch wenn Sie die drei Übungsfolgen einzeln machen können, empfehle ich Ihnen, sie alle in einer Sitzung zu machen. Sie ergänzen sich gegenseitig, und nach meiner Erfahrung schlägt die Stimmung mit jeder Folge stärker von Angst in Freude um.

Vorbereitungen

Bereiten Sie den heiligen Raum vor, und betreten Sie ihn.

Nehmen Sie sich für jede Folge dieser dreiteiligen Übung fünfzehn bis zwanzig Minuten Zeit.

Da dies eine verbale Übung ist, sollten Sie auf Musik und andere Ablenkungen verzichten. Wenn Sie zuhören, sollten Sie Ihren Partner beim Sprechen auf keinen Fall unterbrechen, es sei denn, Sie verstehen nicht, was er sagt. Dann können Sie ihn bitten, sich deutlicher auszudrücken.

Wenn Sie diese Übung allein machen, können Sie einen Kassettenrecorder benutzen, um sich Ihre Antworten noch einmal anzuhören oder sie in Ihr Tagebuch zu schreiben.

Legen Sie fest, wer Partner A und wer Partner B ist.

Die Übung

Beginnen Sie mit einer Herz-zu-Herz-Begrüßung und einer Verschmelzungsumarmung. Wenn Sie alleine sind, machen Sie die Herz-zu-Herz-Begrüßung für sich selbst.

Überlegen Sie sich, inwieweit Sie bereit sind, über sexuelle Ängste mit Ihrem Partner zu sprechen. Hier einige häufige Ängste meiner männlichen Seminarteilnehmer: »Ich bin zu klein.« »Ich mache es nicht so, wie sie es gerne hat.« »Ich komme zu schnell.« »Wenn ich ihr meine Phantasien erzähle, lehnt sie mich ab.«

Typische weibliche Ängste sind: »Er findet mich körperlich nicht attraktiv.« »Er wird mich nicht so anfassen, wie ich es gerne mag.« »Ich werde keinen Orgasmus bekommen.«

Setzen Sie sich bequem einander gegenüber, ohne sich zu berühren. Behalten Sie während der ganzen Übung Augenkontakt.

Partner B bittet Partner A freundlich: »Sage mir, wovor du beim Sex Angst hast!«

Partner A hat fünf Minuten Zeit, diese Frage zu beantworten; Partner B achtet darauf, daß die Zeit eingehalten wird. Schauen Sie, ob Sie die Angst mit ein, zwei Sätzen beschreiben können. Erzählen Sie dann ein kurzes, jüngst vergangenes Erlebnis als Beispiel dafür.

So könnte Partner A, eine Frau, zum Beispiel sagen: »Am meisten habe ich Angst davor, mich in deiner Gegenwart selbst zu befriedigen. Ich nehme an, das ist ein alter Glaubenssatz von mir, daß ich denke, wenn ich mit jemandem zusammen bin, darf ich sexuelle Lust nur beim Koitus erleben. Wenn ich mich selbst lustvoll berühre, könntest du ja denken, du seist nicht gut genug.«

Dann könnte A dazu übergehen, folgende Geschichte zu erzählen: »Als wir vor zwei Tagen zusammen geschlafen haben, hatte ich das Gefühl, daß du etwas zu früh in mich eingedrungen bist. Meine Klitoris war total erregt, und ich habe mir sehr gewünscht, daß sie gestreichelt würde. Im Grunde hätte ich das am liebsten selbst getan. Ich habe mir auch vorgestellt, es in deiner Gegenwart zu tun, aber das habe ich mich noch bei niemandem getraut. Es macht mir zuviel Angst.«

Partner B schenkt A seine volle Aufmerksamkeit und hört zu, ohne zu unterbrechen. Unterstützen Sie sich durch tiefes, langsames und bewußtes Atmen dabei, in Ihrer Mitte zu bleiben. Die Beobachtung Ihres Atems hilft Ihnen, neutraler Zeuge dessen zu sein, was Ihr Partner erzählt, statt sich davon persönlich betroffen zu fühlen. Sollten Sie sich kritisiert fühlen – und das wird wahrscheinlich auch dann der Fall sein, wenn kein einziges kritisches Wort an Sie gerichtet wird –, dann widerstehen Sie der Versuchung, sich zu »wehren« oder zu verteidigen. Vielleicht sehen Sie die Dinge völlig anders, aber der Zweck dieser Übung besteht nicht darin zu entscheiden, was richtig oder falsch ist, sondern Ihrem Partner zu helfen, Ängste aufzulösen, die die sexuelle Ekstase blockieren. Sie sind eine schweigende Hilfe. Ihr stilles und anteilnehmendes Beobachten ist heilsam für Partner A, der seine Ängste mutig offenlegt.

Wenn Partner A zu sprechen aufhört, bevor die Zeit abgelaufen ist, kann Partner B helfen, indem er fragt: »Sage mir, wovor du noch Angst beim Sex hast!« Dann kann Partner A vielleicht über eine weitere Angst sprechen.

Spätestens nach sieben Minuten sollte Partner A zu sprechen aufhören. Schließen Sie Ihre Augen, und atmen Sie tief. Jetzt fragt Partner B Partner A: »Bist du bereit, die Grenzen zu überschreiten, die du dir selbst gesetzt hast?«

Antwortet Partner A mit ja, dann nimmt er sich jetzt die Zeit, sich eine positive, wohltuende Umgebung bildhaft vorzustellen, in der sich sein Liebesspiel ohne die dargestellten Ängsten frei entfalten kann. In dieser Phantasie fühlen Sie sich erfüllt. Sie bekommen, was Sie brauchen, und alles entwickelt sich auf lustvolle und liebevolle Weise. Lautet die Antwort nein, sollten Sie das Nein auch aussprechen und zugeben, daß Sie weiterhin Grenzen brauchen, um sich zu schützen. Die bloße Tatsache, daß Sie sich diese Grenzen eingestehen, ist der erste Schritt zu ihrer Überwindung. Entspannen Sie sich mit dem Verständnis, daß Sie diese Übung vielleicht mehrmals machen müssen, bevor Sie weitergehen können.

Dann tauschen Sie die Rollen. Partner A bittet Partner B: »Sage mir, wovor du beim Sex am meisten Angst hast!«

Partner B antwortet nach der gleichen Struktur. Zuerst beschreibt er die Angst, dann gibt er ein Beispiel, und schließlich erzählt er Partner A, ob er bereit ist, das einschränkende Verhaltensmuster umzuwandeln.

Während Partner B spricht, widersteht er ebenfalls jeder Versuchung, auf das zu »antworten«, was Partner A gesagt hat. Bei dieser Übung geht es nicht um Reaktionen auf die Gefühle Ihres Partners oder um Rechtfertigungen. Konzentrieren Sie sich auf Ihre eigene Realität, auf Ihre eigenen Ängste, ob sie denen Ihres Partners nun ähneln oder nicht. Während Partner B spricht, achtet Partner A wieder darauf, daß die Zeit eingehalten wird.

Nach sieben Minuten hören Sie auf. Es kommt nicht auf einen erschöpfenden Katalog Ihrer sämtlichen Ängste an, sondern auf die Erfahrung, Ihrem Partner eine oder zwei Ängste mitzuteilen. Beenden Sie die Übung mit einer Herz-zu-Herz-Begrüßung und einer Verschmelzungsumarmung

Sexuelle Phantasien mitteilen

Jetzt gehen Sie zum nächsten Teil dieser Übung über, in dem Sie eine sexuelle Phantasie beschreiben. Überlegen Sie sich eine Phantasie, die Sie bereit sind, Ihrem Partner mitzuteilen.

Wenn ich dies die Teilnehmer in meinen Seminaren bitte, höre ich oft nervöses Gelächter und den Vorschlag, diese Übung zu verschieben. Viele Menschen schämen sich dieser Phantasien, vor allem wenn sie sie in Verbindung mit Sex haben. Vielen Frauen wurde als kleines Mädchen gesagt, sie sollten an »solche Dinge« gar nicht denken. Und Partner fühlen sich oft durch die sexuellen Phantasien des anderen bedroht, weil sie denken: »Warum braucht er denn Phantasien, wo ich doch für ihn da bin? Bin ich ihm nicht genug?«

Tantra hat dazu eine völlig andere Einstellung, die alles akzeptiert, was wir sind – einschließlich der Gedanken und Gefühle, die wir normalerweise unterdrücken oder geheimhalten. Diese Sicht ermöglicht Ihnen die Entdekkung, daß das Mitteilen sexueller Phantasien heilsam ist und sogar Spaß machen kann, weil Ihr Sexleben dadurch aufregender wird.

Dieses Mitteilen heißt nicht, daß Sie die Phantasien auch ausagieren müssen. So, wie Sie über diese Vorstellungen nachgedacht haben, ohne sich laut zu äußern, können Sie darüber auch sprechen, ohne sie in die Tat umsetzen zu müssen. Sie können völlig frei darüber verfügen. Aber unterstützen Sie sich gegenseitig, und haben Sie keine Angst, ins Detail zu gehen, wenn Sie an der Reihe sind. Gerade das Mitteilen unserer sonderbarsten und freizügigsten Phantasien und Träume schenkt uns oft ein Gefühl von großer Erleichterung. Außerdem gibt es uns manch-

---

Phantasie kann die Poesie der Sexualität sein …

Sheila Kitzinger
Sexualität im Leben einer Frau

---

mal auch die Möglichkeit, unserem Partner indirekt zu sagen, wie wir gern geliebt werden möchten.

Einige Menschen haben keine sexuellen Träume oder Phantasien. Wenn sie sich sexuell auf jemanden einlassen, erleben sie so intensive Körperempfindungen, daß sie sich ganz in die Gefühle, das Atmen und die Berührungen verlieren. Ihr Denken oder ihre Vorstellungskraft ist visuell nicht beteiligt. Sollte das bei Ihrem Partner der Fall sein, dann fordern Sie ihn auf, diese Empfindungen zu beschreiben.

Beginnen Sie mit der Herz-zu-Herz-Begrüßung und der Verschmelzungsumarmung.

Sie sitzen sich bequem gegenüber, ohne sich zu berühren, und halten Augenkontakt.

Dieses Mal kann Partner A als erster zu Partner B sagen: »Erzähle mir einen sexuellen Traum oder eine sexuelle Phantasie von dir.«

Dann teilt Partner B die Phantasie bis in lebhafte Einzelheiten fünf bis sieben Minuten lang mit.

Partner A achtet auf die Zeit und schenkt B seine ungeteilte Aufmerksamkeit und Unterstützung. Wenn Partner B nichts zu sagen weiß, kann Partner A ihm freundlich weiterhelfen, indem er Fragen stellt wie: »Welche Träume, Visionen oder Vorstellungen hattest du in letzter Zeit über dein Liebesleben?« Oder: »Denk doch mal an die Zeit, als du ein Teenager warst, oder an eine Zeit, als du lange keinen Sex hattest. Hast du da phantasiert? Wie hast du dir Sex vorgestellt und mit wem?« Unterstützen Sie Ihren Partner auch dann, wenn er weiter schweigt. Der Prozeß entwickelt sich innerlich bei ihm in jedem Fall auf seine eigene Weise. Nutzen Sie diese Übung als Gelegenheit, dankbar und geduldig zu sein und diese Form der Zusammenarbeit schätzen zu lernen, bei der Sie sich gegenseitig einen so tiefen Einblick in Ihr Wesen gewähren.

Wenn Partner B mit dem Sprechen zu Ende gekommen ist, sagt Partner A: »Danke, daß du mir deinen Traum bzw. deine Phantasie erzählt hast.«

Tauschen Sie anschließend die Rollen. Jetzt bittet Partner B Partner A, eine sexuelle Phantasie mitzuteilen.

Beenden Sie die Übung wieder mit einer Herz-zu-Herz-Begrüßung und einer Verschmelzungsumarmung.

Wenn Sie dann soweit sind, fangen Sie mit dem dritten und letzten Teil dieser Übung an.

Eine sexuelle Gipfelerfahrung beschreiben

Eine sexuelle Gipfelerfahrung zu beschreiben ist nicht nur heilsam, sondern stellt auch eine Möglichkeit dar, sich und Ihrem Partner beizubringen, was sich beim Liebesspiel für Sie am schönsten anfühlt. Es geht nicht darum, sich mit einer Erfahrung zu brüsten. Sie untersuchen einfach eine besonders schöne Erfahrung, wie sie im einzelnen verlief, warum sie so schön für Sie war und wie Sie im gegenwärtigen Rahmen die Bedingungen für ein ähnliches Erlebnis wieder herbeiführen können. Ihre schönste Erfahrung kann den Koitus einschließen oder auch nicht. Wenn Sie keine sexuelle Gipfelerfahrung zu erzählen haben, dann wählen Sie statt dessen Ihr schönstes sinnliches Erlebnis.

Wenn Sie in einer festen Beziehung leben, rate ich Ihnen, sich die schönste Erfahrung mitzuteilen, die Sie mit Ihrem augenblicklichen Partner erlebt haben. Auf diese Weise können Sie die Übung mit guten Gefühlen abschließen und sich gegenseitig daran erinnern, was Ihr Liebesspiel bereichert. Bei einer späteren Wiederholung dieser Übung können Sie dann vielleicht auch ohne weitere Mißklänge eine Gipfelerfahrung mitteilen, die Sie mit einem früheren Liebhaber gemacht haben.

Legen Sie eine kurze Pause ein, bevor Sie anfangen. Stehen Sie auf, strekken Sie sich, bewegen Sie sich im Raum, sprechen Sie, oder stoßen Sie Laute aus, lockern Sie Ihre Schultern und Ihren ganzen Körper. Sollte die Atmosphäre bedrückend und ernst geworden sein, dann laufen und springen Sie herum oder necken sich gegenseitig.

Beginnen Sie mit einer Herz-zu-Herz-Begrüßung und einer Verschmelzungsumarmung.

Dann setzen Sie sich gegenüber und halten sich an den Händen. Schließen Sie für eine Minute die Augen, und atmen Sie tief und langsam. Nehmen Sie sich Zeit, um richtig zu sich zu kommen.

Partner B spricht Partner A mit Namen an und sagt: »Erzähle mir von einer sexuellen Gipfelerfahrung, die du gemacht hast.«

Partner A bezieht folgende Punkte mit ein: den Ablauf des Erlebnisses, die ungewöhnlichen und lustvollen Momente, warum er die Erfahrung so lustvoll fand und welche Momente er auch von anderen Erfahrungen her kennt.

Rufen Sie sich jedes Detail der Erfahrung ins Gedächtnis, zum Beispiel, daß Sie vorher ganz entspannt oder sehr erregt waren, Vertrauen hatten, sich Zeit zum Spielen nahmen, alles andere für eine Weile vergaßen und ähnliches mehr. Wenn Ihnen diese Muster erst einmal klarwerden, wissen Sie genauer, was Sie brauchen, um eine so lustvolle Erfahrung wieder herbeizuführen.

Während Partner B aufmerksam zuhört, achtet er wieder auf die Zeit – fünf bis sieben Minuten –, ohne Kommentare abzugeben. Fragen stellt er nur, um bestimmte Details klären zu helfen. Dann wechseln Sie die Rollen, und Partner A stellt die Fragen, während Partner B antwortet.

Beenden Sie die Übung mit einer Verschmelzungsumarmung und einer Herz-zu-Herz-Begrüßung. Reden Sie zusammen über Ihren beiderseitigen Wunsch, bei lustvollen Erfahrungen vom anderen so unterstützt zu werden, wie Sie es gerne haben, und auch dem anderen ebensolche Hilfe zuteil werden zu lassen.

Hinweise

Für die meisten Menschen ist die Kommunikation über solche Themen nicht unbedingt selbstverständlich, sie erfordert also Sensibilität und Einfühlungsvermögen. Sollten Sie miteinander sehr schüchtern sein, ist es leichter, wenn Sie sich zu Beginn dieser Übung nicht anschauen. Der redende Partner kann sich hinlegen und die Augen schließen, während der zuhörende Partner dicht neben ihm sitzt.

Wenn Sie mit einem Partner zusammenarbeiten, der sich sträubt, sich auf Hohen Sex einzulassen, während Sie ganz begeistert dabei sind, ist diese Übung eine gute Möglichkeit für Sie, Ihren Partner durch Ihr eigenes Beispiel dafür zu erwärmen. Wenn Sie Ihren Partner selbst in jenen Momenten unterstützen und offen für ihn bleiben, in denen er nichts zu sagen weiß, wird er von Ihrer positiven Haltung berührt sein und nach und nach ähnlich reagieren. Vielleicht dauert das einige Sitzungen, bei denen Ihr Partner nur wenig oder nichts wirklich Aufschlußreiches sagt. Aber wenn Sie selbst dann für ihn offen bleiben, werden Sie Ihren Liebsten mit Ihrer Liebe und Begeisterung anstecken.

Wenn Sie die drei Folgen dieser Übung abgeschlossen haben, sollten Sie mindestens eine Stunde, besser noch bis zum nächsten Tag damit warten, sich gegenseitig Ihre Reaktionen bei diesem Austausch mitzuteilen. Nehmen Sie sich Zeit, die Informationen zu verarbeiten und den negativen Beiklang verhallen zu lassen, den die Worte des anderen für Sie vielleicht gehabt haben.

Sollten Sie dann das Bedürfnis verspüren, die Ereignisse zu besprechen, konzentrieren Sie sich dabei auf folgende Punkte: Was war für Sie bei diesem Austausch der schwierigste Augenblick? Was haben Sie gelernt, um Ihre Beziehung zu verbessern und zu bereichern? Achten Sie darauf, daß bei diesem Gespräch ein Partner zuhört, während der andere spricht. Unterbrechen Sie sich nicht.

Wahrscheinlich wurden durch diese drei Übungen viele heikle Punkte berührt und Emotionen aufgewühlt. Vielleicht wurden auch Gefühle verletzt. Sie können sich zum Beispiel darüber aufregen, daß Ihr Partner von einer Phantasie oder von einem sexuellen Gipfelerlebnis berichtete, bei dem Sie nicht vorkommen. Versuchen Sie nicht zu unterdrücken oder zu verleugnen, daß Sie sich darüber aufregen, aber ergehen Sie sich auch nicht in gegenseitigen Anklagen. Bleiben Sie um Ihrer Beziehung willen offen und konstruktiv. Sie haben wertvolle Informationen darüber erhalten, wie Ihr Partner am besten zu Höhepunkten sexueller Lust gelangt. Es wäre sehr schade, wenn Sie diese Chance zu lernen, wie Sie eine bessere Geliebte oder ein besserer Liebhaber werden können, aufgrund von verletztem Stolz oder eines beleidigten Egos verschenken würden.

Andererseits können Sie sich auch sehr stimuliert und bereit fühlen, eine bestimmte sexuelle Phantasie in die Tat umzusetzen oder mit den Liebespraktiken zu experimentieren, die einmal zu Ihren lustvollsten sexuellen Erlebnissen geführt haben. In diesem Fall entspannen Sie sich, lassen Sie es geschehen und genießen Sie es.

Einige Phantasien sind leichter zu verdauen als andere. Was machen Sie zum Beispiel, wenn Ihr Partner die Phantasie hat, mit Ihrer besten Freundin zu schlafen? Ihre erste Reaktion ist wahrscheinlich, daß Sie verzweifelt sind oder sich wertlos fühlen. Denken Sie aber daran, daß jeder Mensch sexuelle Phantasien hat. Vor allem Männer haben die Tendenz, bei fast jeder attraktiven Frau, die sie treffen, Phantasien zu entwickeln. Psychologen sagen, daß Männer alle drei Sekunden an Sex denken, während Frauen nicht ganz so oft Sex im Kopf haben – nur alle sechs Sekunden! Es ist wichtig, sich klarzumachen, daß die Ehrlichkeit Ihres Partners der beste Beweis dafür ist, daß er sich auf Ihr gemeinsames Wachsen einlassen will, sonst würden Sie diese persönliche Phantasie gar nicht zu hören bekommen.

Meiner Erfahrung nach ist die Wahrheit erotisch. Es gibt nichts, was stimulierender, erfrischender und erregender ist, als mit der Wahrheit konfrontiert zu werden. Sie enthüllt Ihre tiefsten Emotionen und verlangt, daß Sie Ihr wahres Wesen authentisch offenlegen. Durch das Mitteilen Ihrer Ängste, Phantasien und Gipfelerfahrungen haben Sie also einen wichtigen Schritt auf dem Weg getan, sich für Hohen Sex zu öffnen. Diese Vision Ihres inneren Geliebten ist zum festen Bestandteil der Menschlichkeit geworden, die Sie beide miteinander teilen.

Wege zur Vertiefung der Intimität

Unsere tiefste Sehnsucht in der Beziehung zu einem anderen Menschen ist die nach Intimität. Mit Intimität meine ich Nähe, Anteilnahme und das subtile Aufeinander-Eingestelltsein, die in einer Beziehung die Grundlage dafür bilden, daß wir gemeinsam immer feinere Gefühlsebenen erleben und erforschen können. Im Rahmen des Hohen Sex heißt Intimität, daß Sie so, wie Sie es im zweiten Kapitel gelernt haben, sich selbst als liebsten Gast in Ihrem eigenen Herzen willkommen zu heißen, jetzt Ihren Partner auf die gleiche Weise lieben und annehmen.

Aus dieser Sicht bedeutet Intimität nicht, daß wir im herkömmlichen Sinne romantisch berauscht der Liebe verfallen. Intimität heißt auch nicht einfach Zusammensein, sondern verlangt eine feine Balance zwischen Alleinsein und Verbundenheit.

Lieben heißt, in eine Heimat zurückkehren, die wir niemals verlassen haben, heißt, uns erinnern, wer wir sind.

Sam Keen
Die Lust an der Liebe

Viele Menschen glauben, daß Sex der schnellste Weg ist, um die Tür zur Intimität zu öffnen, und sind frustriert, wenn sie nach dem Koitus feststellen, daß sich keine Nähe entwickelt hat. In diesem Kapitel stelle ich Ihnen Intimität als eine Reihe subtiler Fähigkeiten vor, als eine Kunst, die erlernt werden muß, bevor wir uns der sexuellen Vereinigung zuwenden. So betrachtet, ist Sexualität die Krönung der Kunst, miteinander intim zu sein.

Wenn Sie Ihrem Partner schon einmal eine Massage gegeben haben, als er abgespannt war, wenn Sie Wege gefunden haben, Ihre Liebste aufzumuntern, als sie deprimiert war, dann haben Sie die Intimität dadurch bereits zwischen sich vertieft.

Ich lade Sie jetzt ein, Ihr Repertoire zu erweitern und mit vier Kunstfertigkeiten für die Vertiefung von Intimität zu experimentieren, die zu den liebevollsten und sinnlichsten gehören, die im Hohen Sex für diese Zwecke entwickelt wurden.

Diese Übungen können einzeln und jede in ihrer eigenen Zeit und in ihrem eigenen Rahmen gemacht werden. Sie können Sie aber auch als fließenden Ablauf betrachten, wobei jede Übung zur nächsten überleitet. Von der subtilen Sinnlichkeit des Rituals des sinnlichen Erweckens können Sie leicht zum Feiern der tanzenden Götter übergehen. Anschließend machen Sie mit der ruhigen, meditativen Übung »Seelenblick« weiter, bei der Sie die erweckte Energie wieder nach innen in Ihre eigene Mitte nehmen.

Diese Abfolge erzeugt ein klares energetisches Muster. Von der Andacht und der bewußten sinnlichen Empfänglichkeit, die für das Ritual des sinnlichen Erweckens erforderlich sind, gehen Sie über zu den energiegeladenen Spielen der tanzenden Götter. Nach dem Tanzen fällt es Ihnen leicht, bei der Übung »Seelenblick« auf natürliche Weise still zu werden und zusammenzuschwingen. Im Hohen Sex setze ich vor Ruhephasen oft sehr dynamische Übungen ein, um eine lebendige Stille zu erzeugen – eine Stille, die pulsiert vor Energie. Diese Kombination von Lebendigkeit und Stille ist ein ganz wesentliches Element des Hohen Sex.

Diese Praktiken gehen sehr tief und beruhen darauf, daß wir drei Haltungen entwickeln, die sich gegenseitig ergänzen:

- *Konzentrieren Sie sich immer auf das bestmögliche Ergebnis.*
- *Beobachten Sie sich selbst genau, und bleiben Sie in jedem Augenblick und in jeder Situation aufmerksam für Ihre Gefühle, Wünsche und Reaktionen.*
- *Entwickeln Sie eine offene Haltung für die paradoxen Aspekte des Hohen Sex.*

Wenn Sie für Paradoxien offen bleiben, können Sie lernen, sich in scheinbar absurden Momenten zu entspannen und gleichzeitig über Ihre alten Grenzen hinauszugehen, sich auf den gegenwärtigen Augenblick zu konzentrieren und sich gleichzeitig auf ein Ziel zuzubewegen.

Das Ritual des sinnlichen Erweckens

Rufen Sie sich einen zauberhaften Tag Ihres Lebens ins Gedächtnis – einen besonders schönen Geburtstag, Ihren Hochzeitstag oder eine bestandene Prüfung –, einen Tag, an dem Sie mit Liebe, Aufmerksamkeit und Geschenken überschüttet wurden. Erinnern Sie sich an Ihre Aufregung, an Ihr Gefühl von tiefer Freude und Ihre Hochstimmung, an die süße Vorfreude auf die Geschenke, an das reichliche und schön zubereitete Essen und die köstlichen Getränke, die Wärme und Nähe, die Sie zu Ihren Lieben empfanden. Ein solches Ereignis können Sie Ihrem Partner mit dem Ritual des sinnlichen Erweckens bereiten.

Sinn und Nutzen

Mit diesem Ritual führt jeder Partner den anderen in ein ganzes Spektrum überraschender und wunderbarer sinnlicher Erfahrungen ein, die unsere alltäglichen Eindrücke weit übertreffen. Bei dieser Übung kann der einfache Akt, eine Traube zu essen, Ihnen ebensoviel Intensität und Üppigkeit vermitteln wie ein königliches Festmahl. Plötzlich werden Sie überflutet von einer Fülle neuer sinnlicher Eindrücke: Die rundgeformte Traube durchtränkt mit ihrem weichen Fruchtfleisch und der Süße ihres Saftes Ihr ganzes Wesen und wird zu einer erotischen, fast orgastischen Erfahrung.

Diese Zeremonie kann auch eine große Hilfe sein, wenn ein Partner das Reich des Hohen Sex mit Begeisterung erforscht, der andere aber eher eine zögernde Haltung einnimmt. Sie gibt einem begeisterten Partner die Chance, den anderen spielerisch in eine Welt voll sinnlicher Freuden zu locken und ihm damit Mut zu machen, sich selbst auch weiter vorzuwagen.

Meistens nehmen wir unsere fünf Sinne als selbstverständlich hin. Vielleicht schnuppern wir für einen Augenblick dem Hauch Parfüm nach, der eine vorübergehende Frau umgibt, oder dem Duft von frischgemähtem Gras an einem Sommertag. Gelegentlich sind wir entzückt über das Lied eines Vogels, über das weiche Fell eines Kätzchens oder die Schönheit eines nackten Körpers. Aber meistens dämpfen wir unsere sinnlichen Reaktionen, indem wir ihnen nicht unsere volle Aufmerksamkeit schenken. Wir hören Musik, während wir telefonieren; wir lesen beim Essen Zeitung oder vergessen, beim Sonntagsspaziergang auf die Schönheit der Natur zu achten, weil wir über Weltpolitik diskutieren. Die Folge ist, daß unsere Gefühle nicht sehr intensiv sind. Alles, was durch unsere Sinne zu uns kommt, scheint gedämpft und schwach zu sein. Und aus eben diesem Grund kann das Erwecken unserer Sinne ein so zauberhaftes Erlebnis sein. Die Erfahrung, wirklich zu schmecken, zu riechen, zu sehen, zu fühlen und zu hören, wird für uns zur wunderbaren Überraschung. Wie William Blake sagte: »Wenn die Türen der Wahrnehmung weit geöffnet werden, erscheint uns alles, wie es wirklich ist: unendlich.«

Vorbereitungen

Partner A gibt, Partner B empfängt. Der empfangende Partner wird eine Augenbinde tragen, um sich besser auf seine Empfindungen konzentrieren und Ablenkungen ausschalten zu können, die die Erfahrung sonst verwässern würden. Überraschungen sind das Schlüsselelement; der empfangende Partner darf nicht wissen, was ihn erwartet.

Wenn Sie der aktive Partner sind, planen Sie die Atmosphäre sorgfältig, die Sie für Ihren Partner schaffen möchten. Als Anregung können Sie sich das Bild eines verzauberten Gartens vor Augen rufen, wie wir ihn zum Beispiel in der persischen Mythologie finden, wo die Liebenden, gekleidet in Seide und Gold, von blühenden Mandelbüschen und aromatisch duftenden Obstbäumen umgeben sind. Anmutig ein Rad schwingend, entfaltet ein Pfau seine Pracht. Das Plätschern des Springbrunnens vermischt sich mit den Tönen einer süßen Musik, und Seidenfahnen, gestreichelt von einer sanften Brise, flattern in der Luft. Ein Krug mit Nektar ist für die Liebenden bereitgestellt, die sich zärtliche Worte zuflüstern und sich behutsam füttern und berühren.

Jetzt widmen Sie sich Ihrer eigenen Umgebung. Denken Sie bei der Vorbereitung des Raumes daran, daß Sie Ihren Partner auf eine Phantasiereise mitnehmen. Der Raum soll zur Umgebung für ein sinnliches Fest werden, das Sie Ihrem Liebsten bereiten wollen. Achten Sie darauf, daß die Luft süß und frisch ist. Sie können sie mit einem schönen Duft anreichern, denn solche Wohlgerüche können die lebhafte Vorstellung hervorrufen, sich weit entfernt an einem exotischen Ort zu befinden. Sorgen Sie für sanfte Beleuchtung, stellen Sie ein paar Kerzen auf, und gehen Sie im weiteren so vor, wie bei der Einrichtung Ihres heiligen Raumes im letzten Kapitel.

Musik ist auch hier sehr wichtig. Wählen Sie verschiedene Musikstücke aus (vergleiche Anhang II), welche die sinnlichen Erfahrungen vertiefen, und markieren Sie die Übergänge zwischen den fünf Sinnen mit einer Ruhepause von jeweils etwa einer Minute. Wenn das musikalische Arrangement Ihnen zu aufwendig ist, wählen Sie einfach eine Musik, die Ihnen gefällt, und lassen sie die ganze Zeit spielen, aber behalten Sie die einminütige Pause zwischen jeder Phase, in der Sie Ihrem Partner etwas vorführen, bei, sonst kann Ihr Partner die verschiedensten Sinnesempfindungen nicht so deutlich wahrnehmen.

Im Zentrum des heiligen Raumes stellen Sie vor Ihrem Partner Tabletts mit folgenden Gegenständen bereit:

- einen Zerstäuber mit duftendem Wasser, wie Sie ihn schon bei der Einrichtung Ihres heiligen Raumes benutzt haben;
- eine Auswahl an Duftessenzen, die Ihrem Partner gefallen – Pfefferminz- oder Eukalyptusöl sind gut für den Anfang, weil sie die Lungen reinigen. Anschließend können Sie süßere und geheimnisvollere Düfte benutzen wie Ylang-Ylang und Gardenie.
- Musikinstrumente wie Glöckchen, Zimbeln, Flöten, Maracás (Rasseln), Harmonikas oder tibetische Klangschalen;
- mehrere Gegenstände für sinnliche Berührungen wie ein Stückchen Fell und Federn. Ich mag Pfauenfedern besonders gern, weil sie so lang, biegsam und weich sind.
- sinnliches Essen wie Trauben ohne Kerne, Lychees oder kleine Stückchen frische Ananas sowie Partysticker, ein Glas mit einem Schluck seines oder ihres Lieblingslikörs und ein paar Stückchen Pfefferminzschokolade.

Führen Sie dieses Ritual nicht nach dem Essen durch, sondern am besten mit leerem Magen, damit Partner B die Geschmacksvarianten intensiver wahrnehmen kann.

Das Ritual selbst sollte ungefähr eine Stunde dauern. Sorgen Sie dafür, daß Sie anschließend nichts vorhaben. Sie sollten bei dieser wunderschönen Erfahrung auf keinen Fall unter Zeitdruck stehen.

Partner B, der empfangende Partner, soll für längere Zeit möglichst bequem sitzen, während Partner A ihm diese Erfahrungen bereitet.

Bei der folgenden Übungsbeschreibung gehe ich davon aus, daß Partner B der Mann ist, der das Ritual empfängt, und Partner A die Frau, die es anleitet, aber Sie können natürlich selbst entscheiden, wer von Ihnen zuerst an der Reihe ist. Später tauschen Sie die Rollen.

Die Übung

Partner A zündet die Kerzen und das Räucherwerk an, läßt die Musik laufen und stellt das Tablett mit dem Essen in die Mitte, wo die anderen Gegenstände schon versammelt sind.

Dann verbinden Sie Partner B im Nebenzimmer mit einem Seidenschal behutsam die Augen.

Sagen Sie mit sanfter Stimme zu Partner B: »Entspanne dich einfach, und genieße diesen Ausflug. Denke daran, die ganze Zeit tief zu atmen, vor allem, wenn du etwas Neues erlebst. Sei offen für alles, was geschieht. Ich nehme dich mit auf eine Reise zu einem uralten tantrischen Tempel, weit weg, in eine andere Zeit und einen anderen Raum. Du hast nichts zu tun, als tief zu atmen, dich zu entspannen, zu genießen und zu empfangen.« Von jetzt an wird nicht mehr geredet.

Führen Sie Partner B vorsichtig durch die Tür ins Heiligtum. Halten Sie alle zwei, drei Schritte kurz an, und atmen Sie dicht am Ohr Ihres Partners tief durch, um auch ihn zum tieferen Atmen anzuregen.

Jetzt können Sie anfangen, die Sinne einen nach dem anderen zu erwecken.

Riechen

Nachdem Sie Partner B hingesetzt haben, führen Sie eine Flasche Pfefferminzöl dicht unter seine Nase, achten aber darauf, daß sie seine Haut nicht berührt – das Öl ist stark und könnte in der Nase brennen. Lassen Sie ihn den Duft tief einatmen. Das wird seine Stirnhöhlen reinigen und im Gehirn eine angenehme Frische hervorrufen.

Dann halten Sie ihm langsam einen Duft nach dem anderen unter die Nase, wobei Sie sein Gesicht niemals direkt berühren, damit er tief inhalieren und jeden Duft voll genießen kann. Machen Sie zwischen den einzelnen Düften eine bis zwei Minuten Pause; in dieser Zeit können Sie auch verschiedene Arten von Musik spielen. Das wird die Vorfreude Ihres Partners auf das nächste Ereignis ebenso steigern wie sein Empfindungsvermögen.

Jetzt vermitteln Sie Ihrem Partner zusätzlich ein Gefühl von Klärung und Reinigung, indem Sie eine Musik spielen, die das Geräusch von fließendem Wasser oder Wellenrauschen enthält. Richten Sie den Zerstäuber über den Kopf Ihres Partners, und lassen Sie das zarte Spray ein paarmal sein Gesicht benetzen. Dieser duftende Nebel hat sofort eine erfrischende Wirkung. Falls nötig, fordern Sie Ihren Partner wieder auf, tiefer zu atmen. Dann legen Sie eine Ruhepause von etwa einer Minute ein, um den Übergang zur nächsten Übungsfolge anzukündigen.

Hören

Fangen Sie mit einem einzigen Ton an. Läuten Sie ein Glöckchen, schlagen Sie eine tibetische Klangschale an, oder singen Sie eine Note. Der Ton sollte gleichmäßig und kontinuierlich sein. Tibetanische Klangschalen, bestimmte Glöckchen und japanische Gongs haben eine tiefe beruhigende und zugleich stimulierende Wirkung auf das Gehirn. Der Klang beginnt mit einem lauten Auftakt und setzt sich dann als schwächerer, endlos verklingender Ton fort, der die Aufmerksamkeit des Zuhörers fesselt. Indem der Verstand auf den Vibrationen dieses Klanges »reitet«, wird er geschärft und kann sich zugleich entspannen.

Anschließend können Sie weitere Töne erklingen lassen. Ich bevorzuge dabei Glöckchen oder Klangschalen, weil Sie diese in Kreisen und Spiralen um Ihren Partner herumführen können, während Sie sie spielen. Lassen Sie dabei die Kassette *Tibetan Bells* von Henry Wolfe und Nancy Hennings

(Celestial Harmonies) laufen (vergleiche Anhang II). Diese Musik ist eine gute Untermalung für die Klänge, die Sie selbst mit Glöckchen erzeugen.

Von schwebenden Klängen umgeben, wird Ihr Partner sich leichter fühlen, als würde er vom Boden hochgehoben und flöge in einem endlos sich weitenden Kreis in den Raum. Sollten Sie keine Glöckchen oder Klangschalen auftreiben können, reicht es auch, wenn Sie nur die Kassette spielen.

Am Ende dieser Übungsfolge lassen Sie wieder Stille eintreten, um den Übergang zur nächsten Überraschung deutlich zu machen. Inzwischen wird Ihr Partner wahrscheinlich lächeln, sich entspannt und offen für die nächste Erfahrung fühlen. Beobachten Sie, wie selbst die stärksten Widerstände unter der Wirkung von zarten Parfüms, Duftnebeln und schwebenden Tönen schwinden.

Schmecken

Zunächst einmal wechseln Sie die Musik und legen ein Stück auf, das Sinnlichkeit suggeriert, wie bestimmte Stücke von Andreas Vollenweider oder von Vangelis. Nehmen Sie dann die Schale mit den Trauben zur Hand. Spießen Sie eine Traube auf einen Stikker, und tauchen Sie sie in den Likör. Führen Sie sie dicht unter die Nase Ihres Partners. Beobachten und genießen Sie, wie Ihr Partner dieses neue sinnliche Signal aufnimmt – den Duft des Likörs schnuppernd, versucht er den Geschmack zu raten, begierig dar-

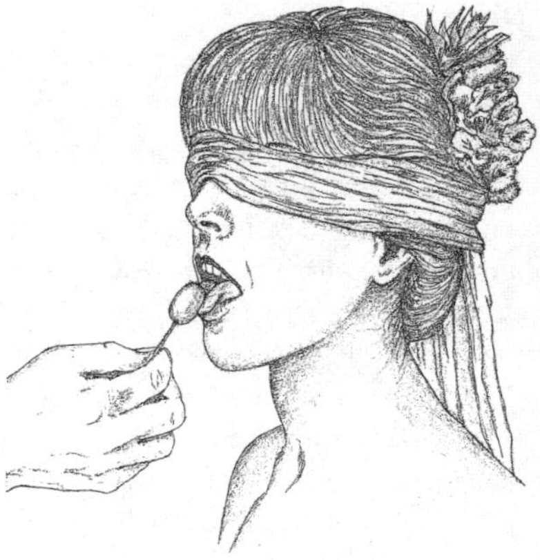

auf zu probieren. Oft können Sie sehen, wie ihm ein Schauder durch den Körper läuft, während er den »Geschmack« dieses »Geruchs« registriert.

Nach einer Weile streicheln Sie seine Lippen mit der Traube, bieten seinem Mund ihre weiche Rundung und hinterlassen eine Spur vom süßen, brennenden Geschmack des Likörs. Schließlich drücken Sie die Traube gegen seine Lippen, bis diese sich öffnen, und lassen die Frucht ganz langsam in seinen Mund wandern. Dann tauchen Sie Ihren Finger in den Likör und streicheln die Lippen Ihres Partners damit. Lassen Sie sich Zeit dabei.

Lauschen Sie etwa eine Minute nur der Musik. Danach geben Sie dem Partner ein Stück Pfefferminzschokolade. Lassen Sie ihm Zeit, die Schokolade in seinem Mund schmelzen zu lassen und diesen neuen Geschmack ganz auszukosten. Wieder legen Sie einen Augenblick der Stille ein, bevor Sie zur nächsten Phase übergehen.

Tasten
Beginnen Sie damit, Ihren Partner mit den verschiedenen Gegenständen wie einem weichen, altmodischen Rasierpinsel, einem Seidentuch, einer Feder oder einem Stückchen Fell behutsam und kaum wahrnehmbar zu streicheln. Inszenieren Sie mit Hilfe Ihrer Vorstellungskraft ein ganzes Theaterstück der Berührungen. Streichen Sie mit einer Pfauenfeder über seine Wangen, Nakken und Arme, die Innenseite seiner Ellenbogen, seine Knöchel und Fußsohlen. Kitzeln Sie ihn an den Handinnenflächen und hinter den Ohren. Fahren Sie mit der Feder unter sein Hemd, und kitzeln Sie seine Brustwarzen so lange, bis er sein Lachen nicht mehr zurückhalten kann. Vermitteln Sie ihm mit Hilfe der Feder das Gefühl, beharrlich und frech verführt zu werden.

Nach einem Augenblick der Stille wechseln Sie die Musik und legen jetzt Klänge auf, die das Herz ansprechen, wie zum Beispiel Donna Summer »I Love to Love You, Baby« oder Sande Hershmans »Shine« und »Journey into Love«. Setzen Sie sich hinter oder neben Ihren Partner, und legen Sie Ihre Hand mit äußerster Zartheit, so als hätten Sie ihn nie zuvor berührt, auf sein Herz. Lassen Sie Ihr Herz durch Ihre Hand das seine berühren. Einen Augenblick später legen Sie ihm Ihre andere Hand ins Kreuz, um ihm das Gefühl zu vermitteln, umsorgt und gehalten zu werden. Dabei strahlen Ihre Hände Wärme, Zärtlichkeit und Liebe aus.

Nach einer Weile flüstern Sie Ihrem Partner seinen Namen ins Ohr und fügen hinzu: »Du bist schön, ich habe dich lieb«, oder einen anderen ähnlichen Satz. Flüstern Sie mal in sein rechtes, mal in sein linkes Ohr, so daß er nie weiß, von wo Sie kommen werden. Halten Sie diesen liebevollen Kontakt mindestens fünf Minuten lang aufrecht, damit sich Ihr Partner dabei entspannen kann.

Dann stellen Sie die Musik aus, gehen in die Mitte des Raumes und sagen: »Und jetzt, Liebster, lege deine Hände auf dein Herz. Spüre, wie das Leben dort pulsiert, wie es dich entspannt und dir Freude bringt und die Kraft, dich selbst anzunehmen. Spüre, wie du all die Liebe, die du so oft anderen gibst, jetzt dir selbst schenken kannst.«

Dann legen Sie eine schöne Musik für das Herz auf – mein Lieblingsstück ist »Listen to My Heart Song« auf der Kassette »On Wings of Song: Many Blessings«. An diesem Punkt des Rituals steigt aus dem Herzen der Menschen oft ein tiefer Seufzer der Erleichterung auf. Während das Herz überfließt vor Gefühlen, können Tränen aufkommen. Lassen Sie die Musik drei bis fünf Minuten lang fortspielen, und bleiben Sie dann einen Augenblick lang ganz still.

Spielen Sie anschließend eine weitere Musik für das Herz, vielleicht Ihr schönstes Liebeslied. Setzen Sie sich vor Ihren Partner, und nehmen Sie vorsichtig seine Hand in die Ihre. Dann erforschen Ihre Finger sich gegensei-

tig, spielerisch und langsam, mit so zarten Berührungen, als ertasteten Sie die Blütenblätter einer Rose. Gehen Sie von seiner Hand weiter zu seinem Arm – ganz, ganz langsam.

Dann gehen Sie zu einer liebevollen, innigen Umarmung über und atmen dabei zusammen. Spüren Sie, wie Ihre Herzen gemeinsam schlagen, und genießen Sie die Nähe zwischen sich. Spüren Sie die Dankbarkeit dafür, ein solches Geschenk machen und annehmen zu dürfen. Bleiben Sie ein paar Minuten so verbunden, und legen Sie dann wieder einen Augenblick der Stille ein.

Sehen

Nehmen Sie ihm vorsichtig die Augenbinde ab. Vermeiden Sie jedes Reden. Schauen Sie einander eine Weile schweigend in die Augen. Für die meisten Menschen ist dies eine sehr tiefgehende Erfahrung! Wenn sie auf diese zauberhafte Weise wieder zum Sehen und zum Licht geführt werden, können viele Menschen ein Leuchten wahrnehmen, das das Gesicht ihrer Liebsten umgibt, ein Strahlen, das sich ausweitet und die ganze Umgebung in ein neues Licht taucht. Fordern Sie Ihren Partner auf, sich mit neuen Augen im Raum umzuschauen – sich die Blumen anzusehen, die Kristalle, die Instrumente auf den Tabletts in der Mitte des Raumes, die Bilder, die Sie an die Wand gehängt haben, den Lichtschein der Kerzen – und schließlich Sie. Dann sitzen Sie sich einfach mit zugewandten Gesichtern eine Weile schweigend und wie neu geboren gegenüber. Schließlich rücken Sie für eine Verschmelzungsumarmung zusammen.

Vielleicht möchte Partner B Ihnen nach einer Weile seine Eindrücke von dieser Reise gerne mitteilen. Worte können helfen, die Erfahrung in der Erinnerung zu verankern. Danach verbringen Sie vielleicht eine Nacht zusammen, in der Sie sich sehr zärtlich und sinnlich lieben. Nehmen Sie wahr, wie Ihre Berührungen, Ihr Riechen, Sehen und Hören jetzt eine neue Frische haben, weil Sie sich füreinander geöffnet und verletzlich gemacht haben.

Hinweise

Beim nächsten Mal wechseln Sie die Rollen. Versuchen Sie aber nicht, zwei Rituale des sinnlichen Erweckens an ein und demselben Tag durchzuführen, denn dann ist die zweite Reise wahrscheinlich nicht so intensiv. Lassen Sie sich Zeit, erst einmal wieder in die »gewöhnliche Welt« zurückzukehren. Gerade dieser Kontrast macht diese Reise zu so einer reichen und lohnenswerten Erfahrung. Der aktive Partner hat dann auch genug Zeit, das Ritual sorgfältig zu planen und vorzubereiten.

Die tanzenden Götter

Ein weiteres Mittel zur Vertiefung von Intimität ist unsere Vorstellungskraft, die Fähigkeit, vor unserem inneren Auge eine Vision unserer Möglichkeiten zu entwerfen, damit wir dann unsere Talente einsetzen können, um unsere Vorstellungen zur Wirklichkeit werden zu lassen.

Die Macht der Vorstellungskraft wird überall eingesetzt. Viele Sportler visualisieren zum Beispiel ganz genau, wie sie optimale Leistungen erbringen können. »Wenn Sie sich erst einmal trauen, sich Ihr Ziel bildlich vorzustellen, werden Sie überflutet von Ideen, wie Sie das Bild realisieren können«, sagt die Olympia-Sportlerin Marilyn King. Beim Bericht über ihr Training als Hochspringerin erzählt sie, daß sie jeden Sprung vorher im Geiste bis in die kleinste Einzelheit durchgeht.

»Ich stehe am Start, atme ein, atme aus, finde meine Mitte und lasse einen geistigen Film ablaufen«, sagt sie. »Dabei stelle ich mir vor, wie ich meinen ersten Schritt mache, meinen zweiten Schritt, in der Kurve beschleunige, meine Füße in den Boden drücke. Dann schnellt mein Körper nach oben und vornüber, beugt sich wieder nach hinten ...« Statt einfach nur zu denken: »Ich werde diesmal höher springen als je zuvor«, stellt Sie sich ganz genau vor, wie sie dieses Ziel erreichen wird. Diese Präzision ist auch ein wesentlicher Lernschritt auf dem Weg zur sexuellen Ekstase. Wenn wir neue Wege ausprobieren, müssen wir immer auch mit Fehlschlägen, Fehlstarts und Enttäuschungen rechnen. Aber je besser Sie sich vorstellen können, wie Sie für den richtigen Schritt oder die richtige Situation vorgehen wollen, desto mehr haben Sie von den Übungen in diesem Buch und desto leichter können Sie sie in Ihr Liebesleben integrieren.

Vorstellungskraft ist nicht das gleiche wie Phantasie. Wenn wir phantasieren, schwelgen wir in Ereignissen, von denen wir nicht unbedingt erwarten, daß sie auch eintreten. Mit Hilfe unserer Vorstellungskraft hingegen können wir die Wirklichkeit vorwegnehmen. So ist es zum Beispiel reine Phantasie, darauf zu warten, daß Sie im Lotto gewinnen und damit Ihre sämtlichen finanziellen Probleme lösen. Wenn Sie sich aber die Erfüllung vorstellen, die Ihnen Ihr schönster sexueller Traum verspricht, kann Ihnen das die Macht zu seiner Realisierung verleihen, denn es liegt durchaus im Bereich Ihrer Möglichkeiten, daß Sie Ihr sexuelles Potential verwirklichen. Die Vorstellungskraft enthüllt uns nicht nur, welche Hindernisse uns von Veränderung und Wachstum ablenken, sondern zeigt uns auch Wege, diese Hindernisse zu erforschen und zu überwinden. Sie schlägt eine Brücke zwischen dem, was wir sind, und dem, was wir sein können.

Sinn und Nutzen

Zu dieser Zeremonie haben mich alte tantrische Praktiken inspiriert. So haben sich zum Beispiel die Anhänger der Göttin Shakti, die berühmt war für ihre Schönheit und Weiblichkeit, symbolisch in die Göttin selbst verwandelt und dadurch das ganze Spektrum weiblicher Qualitäten verkörpert. In anderen Ritualen haben die Anhänger des Gottes Shiva, der auch als »Herr des Tanzes« bekannt ist, ekstatische Tänze aufgeführt, um die magischen Kräfte des Gottes herbeizurufen.

Bei dieser Übung sind Sie aufgerufen, die spielerische Energie Shaktis und die schöpferische Macht Shivas auf Ihre eigene Weise auszudrücken und sich als Gott und Göttin zu begegnen. Westlichen Menschen, denen diese Bildersprache nicht geläufig ist, kann das anmaßend vorkommen. Aber

---

Shakti ist die Macht, die kreiert und zerstört, der Mutterleib, aus dem alle Dinge hervortreten und in den alles wieder zurückkehrt... Shakti ist spontane Vibration; die Fülle ihres glücklichen Zustands und die Freude, die aus ihr hervorbricht, zwingen sie zur Selbstentfaltung.

Ajit Mookerjee
Kali

---

denken Sie an die Götter Griechenlands, Ägyptens oder der Hindu-Mythologie, die als übersinnliche Wesen sehr menschliche Eigenschaften hatten und gar nicht so sehr über den Menschen standen, wie es vielleicht den Anschein haben mag. Auch sie haben unter Eifersucht, Wut, Leidenschaft und anderen menschlichen Emotionen gelitten und uns trotzdem die Anmut und Pracht von Wesen vermittelt, die es wagen, die Grenzen des Möglichen zu überschreiten. Was immer sie tun, sie tun es total. Sie sind ein Spiegel für unser eigenes unbegrenztes Potential. Wenn Sie sich erst einmal erlauben, Ihrer inneren Schönheit Ausdruck zu verleihen, werden Sie auf den Geschmack dieser Qualitäten auch in sich kommen. Lassen Sie Ihre Skepsis einfach beiseite, und werfen Sie sich wie ein guter Schauspieler mit ganzem Herzen in Ihre Rolle. Vielleicht halten Sie die bloße Idee, sich wie ein Gott oder eine Göttin aufzuführen, für Unsinn. Aber wenn Sie diese Haltung aufgeben und den Versuch einfach wagen, haben Sie den ersten Schritt auf dem Weg zu der Erfahrung, sich göttlich zu fühlen, bereits getan.

Viele Menschen haben eine Scheu zu tanzen, weil Sie feste Vorstellungen im Kopf haben, wie ihr Tanz auszusehen hat. Sie müssen aber nicht wie Nijinsky, Isadora Duncan, Fred Astaire oder Ginger Rogers tanzen. Öffnen Sie sich einfach für die natürliche Ausdrucksfähigkeit Ihres Körpers, und Ihre Scheu wird allmählich verschwinden. Ihr Körper weiß bereits, wie er gerne tanzt.

Bei diesem Tanz ist alles erlaubt, und Sie haben keine anderen Ziele, als Ihrem innersten Wesen voller Freude Ausdruck zu verleihen und Ihren Partner in verführerischer, sinnlicher Anmut Schönheit erleben zu lassen. Der Tanz ist die Sprache der Seele.

Vorbereitungen

Bereiten Sie Ihren heiligen Raum vor. Sorgen Sie dafür, daß Sie viel Platz für Bewegungen haben. Das Licht sollte nicht direkt auf den Tänzer gerichtet sein, damit Ihre Gesten und Ihre Haut weich erscheinen. Verteilen Sie Teelichter in kleinen Gläsern im Raum; ihr flackerndes Licht zaubert eine geheimnisvolle und festliche Atmosphäre hervor. Beide Partner sollten Ihre Lieblingsmusik bereithalten (mindestens fünfzehn bis zwanzig Minuten lang). Tragen Sie sinnliche und bequeme Kleidung, in der Sie gut tanzen können und sich schön fühlen. Ich trage dabei am liebsten einen *Pareo* aus Tahiti, den ich um meine Hüften schlinge, eine Blume im Haar und sonst nichts.

Ein Wort zum zuschauenden Partner: Schenken Sie Ihrem Partner Ihre volle Aufmerksamkeit und bedingungslose Unterstützung. Schauen Sie mit einer liebevollen, akzeptierenden Haltung zu. Denken Sie immer daran, daß Ihr Partner den Mut hat, seine innersten Qualitäten vor Ihnen auszubreiten, und lassen Sie ihn durch den

Ausdruck Ihrer Augen wissen, daß Sie diese Offenheit zu schätzen wissen.

Die Übung

Bei dieser Übung tanzt ein Partner, während der andere ihm zuschaut. Der Zuschauer wartet zunächst allein im heiligen Raum auf den Auftritt und läßt eine »Bühne« für die Darstellung frei, während der Tänzer sich nebenan vorbereitet.

Meistens ermuntere ich Frauen, zuerst zu tanzen, weil es ihnen leichter fällt, sich fließend und verführerisch zu bewegen. Ich fange also mit der Beschreibung eines weiblichen Tanzes an, den ich den »Tanz Shaktis« nenne.

Der Tanz Shaktis

Spazieren Sie anmutig in den Raum, und bleiben Sie vor Ihrem Partner stehen. Schauen Sie ihm in die Augen. Machen Sie im Stehen die Herz-zu-Herz-Begrüßung, um ihm zu sagen: »Ich danke dir für das Geschenk deiner Anwesenheit.« Der Zuschauer kann die Begrüßung im Sitzen erwidern.

Jetzt schalten Sie die Musik ein und treten in die »Mitte der Bühne«. Vergessen Sie den Menschen, der Ihnen zuschaut, vergessen Sie alles bis auf Ihren Atem. Sie sind allein mit sich. Kehren Sie für einen Augenblick zurück zu der Übung »Ihren inneren Geliebten wecken«, und verbinden Sie sich erneut mit dem Gefühl, liebenswert und schön zu sein und die unerschöpfliche Fähigkeit einer Göttin zu haben, Rollen und Formen ständig zu wechseln.

Gehen Sie etwas in die Knie, richten Sie Ihre Aufmerksamkeit auf den Nabelbereich, und lassen Sie Ihren Atem ganz bis dort hinunter fließen. Dies ist das Zentrum Ihrer Schwerkraft, Ihr Anker, Ihr Kraftort. Je besser Sie sich von diesem Zentrum aus bewegen können, desto stärker ist Ihre Kraft, und desto besser sind Sie im Gleichgewicht.

Fühlen Sie die Musik, und lauschen Sie ihrem Echo im eigenen Körper nach. Beginnen Sie, sanft Ihren Rhythmus aufzunehmen. Lassen Sie sich von Ihrem Körper zum Fluß der Musik tragen, bis Sie spontan zu tanzen beginnen, ohne Ihre Bewegungen vorher festzulegen.

Bewegen Sie sämtliche Körperteile einschließlich Kopf und Nacken. Wenn Sie Hals und Kopf steif halten, behält Ihr Kopf die Kontrolle und verhindert, daß der Geist des Tanzes Sie erfaßt. Lassen Sie zu, daß Ihr Körper sich jeder Bewegung ganz hingibt. Sie werden spüren, wie eine Bewegung der Hüften hochwellt bis zum Nacken und wie die Bewegungen Ihrer Arme sich bis in Ihre Füße fortsetzen können – wie die Wellen in einem windbewegten Meer.

Lassen Sie den Atem tief in Sie hineinströmen und Ihre Bewegungen tragen. Finden Sie zu dem Tanzstil, den Sie wirklich genießen. Es ist nicht wichtig, welcher das ist – das beckenbetonte Stampfen afrikanischer Tänzer, die weich fließenden Bewegungen der Bauchtänzerin oder das dynamische Hüpfen des Rock'n'Roll. Sie geben keine Vorstellung, um einem Publikum zu gefallen. Sie tanzen vor allem, um sich selbst zu genießen.

Vielleicht sind Sie anfangs schüchtern. Das ist ganz natürlich. Es ist riskant, sich so zu zeigen. Aber fassen Sie Mut, und bleiben Sie bei Ihrem Tanz. Kreativität heißt, sich ins Unbekannte vorzuwagen. Es ist immer ein Wagnis, das Vertraute hinter sich zu lassen, aber große Chancen warten auf Sie. Jetzt ist der Augenblick gekommen, sich auf die Göttin, die tanzende Göttin in Ihnen, einzustimmen.

Atmen Sie noch tiefer, und verstärken Sie Ihre Bewegungen. Feuern Sie sich mit Hilfe Ihrer Stimme selbst zum Tanzen an, mit Tönen, die spontan in Ihnen entstehen – Seufzer, Knurren, Lieder, Gesänge. Lassen Sie los, und übergeben Sie die Führung an den Tanz. Fühlen Sie sich schön, geliebt, erfüllt. Bleiben Sie in Kontakt mit Ihrem inneren Geliebten – jetzt sind Sie diese Kraft, eine Göttin, die der Freude, der Harmonie und göttlicher Gewißheit Gestalt verleiht.

Lassen Sie die göttliche Energie in Ihnen anwachsen. Sie sind Shakti, die Frau in ihrer reinsten Verkörperung, anziehend und verführerisch. Wenn Sie diese Verbindung zu Ihrer inneren Shakti spüren können, öffnen Sie die Augen, und zeigen Sie die Göttin Ihrem Liebsten. Lassen Sie in Ihren Augen die Lebendigkeit der Göttin widerscheinen, zeigen Sie mit Ihrem Lächeln das Strahlen einer Frau, die in sich selbst verliebt ist, verhelfen Sie durch Ihren Körper der göttlichen Anmut, Verspieltheit und Spontaneität zum Ausdruck. Offenbaren Sie deren Kraft durch die Tiefe Ihrer Atmung und das Spiel Ihrer Stimme.

Werden Sie zur Göttin. Lassen Sie den ganzen Raum von ihr erfüllt sein. Beobachten Sie, wie es sich anfühlt, Ihren Partner anzuschauen, während Sie ihm diese strahlende Macht zeigen. Überwinden Sie Ihre übliche Scheu, und genießen Sie Ihre eigene Schönheit unter den Blicken eines anderen Menschen. Denken Sie daran, Sie sind nicht auf Anerkennung aus. Bleiben Sie bei sich. Wenn Zweifel und Schüchternheit Sie überkommen, schließen Sie wieder für einen Moment Ihre Augen, atmen tief und kräftig und konzentrieren sich auf die Bewegung Ihres Körpers und die Töne Ihrer Stimme, um zentriert zu bleiben. Je mehr Sie sich unter dem Blick Ihres Partners entspannen, desto besser können Sie die Kraft genießen, welche uns durch die ungeteilte Aufmerksamkeit und Liebe eines anderen Menschen zuteil wird.

Erforschen Sie die verschiedenen Elemente Ihrer göttlichen Energie – das Fließen des Wassers, die Explosivität des Feuers, die Leichtigkeit der Luft, die Kraft der Erde, die Anmut des Panthers, das verführerisch geschmeidige Gleiten der Schlange. Während Sie den vielen Dimensionen Ihres Seins freien Lauf lassen, erleben Sie, daß all dies in Ihnen verborgen ist und darauf wartet, sich zeigen zu dürfen. Sie haben wirklich das kreative Potential und die spielerische Freiheit der Göttin, die Sie in Ihrer Vorstellung sind. Sie sind frei von Alltagssorgen, und Sie können sich über kulturelle und anerzogene Beschränkungen mit Leichtigkeit hinwegsetzen.

So tanzen Sie fünfzehn bis zwanzig Minuten lang, bis Sie spüren, daß das Ende Ihres Tanzes gekommen ist. Dann bleiben Sie vor Ihrem Partner still stehen und tauschen mit ihm eine Herz-zu-Herz-Begrüßung aus.

Wenn Sie dann nicht mehr außer Atem und wieder »zu sich gekommen« sind, kann Ihr Partner Sie als die Göttin ansprechen, die er jetzt in Ihnen entdeckt hat: »Schöne Shakti (wenn er möchte, kann er Sie natürlich auch bei Ihrem eigenen Namen nennen), du bist mein ganzes Entzücken. Ich ehre dich als Verkörperung der kreativen Energie, die uns alle mit Leben erfüllt.« Dann kann er Ihnen sagen, was ihn an Ihrem Tanz besonders erfreut hat.

Beenden Sie den Austausch mit einer Verschmelzungsumarmung. Und nun wird der zuschauende Partner zum Tänzer.

Der Tanz Shivas

Als männlicher Partner befolgen Sie die gleichen Schritte, wie sie oben beschrieben wurden. Aber natürlich werden Sie in Ihrem Tanz die männlichen Aspekte der Gottheit betonen, die durch Shiva personifiziert wird, den Hindu-Gott, der unzählige verschiedene Gestalten annehmen kann – Zauberer, Schöpfer, Krieger, Clown, Zerstörer und Verführer.

Auch Sie bereiten sich im Nebenraum vor und betreten dann den heiligen Raum, um vor Ihrer »Shakti« zu tanzen.

Als Mann ist es besonders wichtig für Sie, daß Sie sich geerdet und fest mit dem Boden verwurzelt fühlen, um Ihre eigene Kraft spüren zu können. Achten Sie also darauf, daß Sie sich am Anfang die Zeit nehmen, Ihre Augen zu schließen und sich zu zentrieren – Ihren Bauch, die Oberschenkel und die Knie zu entspannen, wobei Ihre Füße fest auf dem Boden stehen und Sie in den Knien leicht nachgeben.

Sie sind der Gott Shiva – der Gott, der in der tantrischen Tradition die Materie beseelt, wenn er sich mit Shakti vereint, und damit unzählige reale Formen erschafft. Versetzen Sie sich tief in das Gefühl Ihrer eigenen Göttlichkeit hinein – denken, fühlen und glauben Sie daran, daß Sie ein Gott sind –, bevor Sie Ihre Augen öffnen und Ihre Partnerin anschauen.

Denken Sie an den inneren Geliebten, und tauchen Sie tief in das Wesen des Tanzes ein. Finden Sie den Mann in sich, und zeigen Sie Ihrer Partnerin stolz seine göttlichen Qualitäten.

Erforschen Sie im Tanz Ihr ganzes Spektrum an männlichen Eigenschaften. Trommeln Sie mit den Fäusten gegen Ihren Brustkorb wie ein männlicher Gorilla, der seinem Widersacher gegenübersteht. Fühlen Sie die Kraft des Bullen, den Mut des Löwen, die Würde des Kriegers, die geduldige Geschicklichkeit des Jägers, die Anmut des Athleten. Tanzen Sie mit der ganzen Hingabe eines Medizinmannes.

Wenn es Ihnen hilft, können Sie sich auch die Eigenschaften von Männern vergegenwärtigen, von denen Sie in Ihrem Leben beeindruckt waren. Visualisieren Sie deren Stärke, Mut oder sexuelle Anziehungskraft. Stellen Sie sich vor, mit Ihrem Tanz diese Eigenschaften zu verkörpern und ihnen Ausdruck zu verleihen.

Wenn Sie zu Ende gekommen sind, bleiben Sie vor Ihrer Partnerin stehen und tauschen eine Herz-zu-Herz-Begrüßung mit ihr aus. Dann sagt Ihre Liebste zu Ihnen: »Schöner Shiva (oder Ihren Namen), du bist mein ganzes Entzücken, und ich ehre den grenzenlosen Geist, der sich mir in deinem Tanz gezeigt hat.« Dann erzählt sie Ihnen, was ihr am meisten an Ihrem tänzerischen Ausdruck von Macht und Energie, Kraft und Anmut des Shiva in Ihnen gefallen hat.

Beenden Sie den Austausch mit einer Verschmelzungsumarmung.

Der Tanz von Shakti und Shiva

Sie können diese Sitzung mit einem gemeinsamen Tanz von Shakti und Shiva abschließen, bei dem Sie erforschen, wie es aussieht, wenn Sie beide sich mit und aus Ihrer inneren Kraft begegnen. Bleiben Sie im Bewußtsein Ihrer eigenen Göttlichkeit verankert. Bewegen Sie sich dicht aufeinander zu, und schauen Sie sich dabei in die Augen.

Spiegeln Sie gegenseitig die Bewegungen des anderen, erkunden Sie den Flug des Adlers und die Geschmeidigkeit der Schlange. Probieren Sie auch den sinnlichen Löffeltanz aus, bei dem ein Partner sich mit dem Rücken gegen Brustkorb und Bauch des anderen schmiegt. Tanzen Sie Rücken an Rükken, Nase an Nase, Stirn an Stirn. Geben Sie lustvolle, wilde Töne von sich, Tierstimmen, verführerische Geräusche.

Wenn Sie alle Möglichkeiten nach Herzenslust durchgespielt haben, beenden Sie den Tanz, in dem Sie sich gegenüberstehen, sich mit Brustkorb und Bauch berühren und in den Knien leicht nachgeben. Spüren Sie den feinen Energieströmen im Körper nach. Nehmen Sie bewußt den Atemrhythmus Ihres Partners wahr.

> *Schaffe ein Gleichgewicht. Innen und Außen sind keine Gegensätze. Sie stellen Bewegungen ein und derselben Energie dar, zwei Ufer ein und desselben Flusses, und gäbe es nur ein Ufer, könnte der Fluß nicht fließen.*
>
> Osho Rajneesh

Verharren Sie danach still. Sie haben jetzt männliche und weibliche Elemente harmonisch ausbalanciert. So im Gleichgewicht, können Sie sich langsam und mühelos in einem gemeinsamen sanften Tanz bewegen, bei dem niemand »drängt« oder irgend etwas »tut«. Achten Sie in diesem ausgeglichenen Zustand einmal darauf, wo das Zentrum Ihrer Schwerkraft liegt – weder in Ihnen noch im anderen, sondern irgendwo in der Mitte zwischen Ihren beiden Unterleibern und Brustkörben, dort, wo sich Ihre Energien begegnen. Genießen Sie das Gefühl, an diesem Punkt der Mitte angelangt zu sein, ein Teil des anderen und trotzdem in sich selbst zentriert zu sein.

Hinweise

In meinen Seminaren ist es für viele Menschen ein wichtiger Durchbruch, wenn sie sich vor anderen als Göttin oder Gott entspannt und spontan bewegen können. Sie erkennen, daß es bei diesem Tanz nicht darum geht, andere Menschen oder ein archetypisches Vorbild nachzuahmen, sondern mehr und mehr zu dem zu werden, der sie wirklich sind.

Es erfordert Mut, sich anderen darzustellen. Sorgen Sie sich nicht darum, daß Sie nicht gut genug sein könnten. Jede Ihrer Bewegungen ist so, wie sie ist, vollkommen, denn sie zeigt Ihre Einzigartigkeit als Mensch. Auch wenn Sie sich verletzlich und unsicher fühlen, verstärken Sie durch Ihre Bereitschaft, sich im Tanz einem anderen Menschen vorbehaltlos zu zeigen, das Gefühl von Intimität, Vertrauen und Verspieltheit zwischen sich und Ihrem Partner.

Wenn Sie dem Tanz Ihres Partners zugeschaut haben und anschließend Ihre Kommentare äußern, sollten Sie jede Kritik vermeiden, weil dadurch Spontaneität und Begeisterung einen Dämpfer erhalten. Verstärken Sie statt dessen lieber das, was Ihnen gefallen hat, indem Sie es überzeugend loben. Verspieltheit – die Fähigkeit, sich selbst und Ihrem Partner ein Lächeln zu schenken und zusammen von ganzem Herzen zu lachen, ist eine Kunst im Hohen Sex. Diese spielerische Haltung gibt Ihnen ein Gespür für Neues und Unerwartetes sowie die Chance, Konflikte kreativ umzuwandeln.

Der Seelenblick

Nach dem aktiven Ausdruck im Tanz sind Sie jetzt bereit, sich mit dem »Seelenblick« auf stillere und tiefere Weise mit Ihrem Partner zu verbinden. Sie werden Ihre eigene Göttlichkeit dabei noch intensiver spüren und gemeinsam zu einem Gefühl von Frieden und innerer Leere gelangen, das über die Grenzen der Persönlichkeit hinausreicht.

Diese Meditation beruht auf einer Technik, die Oscar Ichazo, der Begründer der Arica-Schule, entwickelt hat, und die ich der tantrischen Sicht angepaßt habe.

Sinn und Nutzen

Das Wohltuendste am Seelenblick ist, daß er die Energiefelder von Menschen harmonisiert. Dem Stimmen von Musikinstrumenten für ein Konzert vergleichbar, schafft er die optimalen Bedingungen für ein angenehmes Zusammenschwingen von zwei Partnern.

In der tantrischen Tradition übten die Schüler sich in der Kunst des Schauens, indem sie ihre Augen auf ein *Yantra* – eine geometrische Form, die ein bestimmtes energetisches Muster symbolisiert – oder das Bildnis einer Gottheit richteten, die eine bestimmte Tugend wie Mitgefühl oder Mut verkörperte. Indem der Schüler konzentriert auf das Yantra schaute, wurde er eins mit dessen Form und der dahinterstehenden Kraft. Auf gleiche Weise können Sie eins werden mit der Energie, die sich in der äußeren Form Ihres Geliebten ausdrückt, wenn Sie diese Form so lange konzentriert betrachten, bis sie sich auflöst. Dann erfahren Sie den anderen als Teil Ihrer selbst.

Sich in die Seele zu blicken ist eine heikle Kunst. Normalerweise sind Menschen zu schüchtern, um jemandem direkt in die Augen zu schauen oder sich selbst länger in die Augen schauen zu lassen. Sie halten vielleicht einem kurzen Blick von wenigen Sekunden stand und wenden sich dann ab. Lange Blicke empfinden wir als aufdringlich. Die Augen geben Ihren Einblick in die Geheimnisse eines Menschen – Scheu, Ärger, Angst oder Unschuld. Es kann also sein, daß Sie bei der Seelenblick-Meditation mit Bereichen in sich konfrontiert werden, die Sie als unangenehm empfinden. Beim Seelenblick beobachten Sie diese Widerstände einfach, ohne etwas dagegen oder dafür zu tun. Dadurch löst sich Ihr Unbehagen langsam auf, und Sie gelangen zu innerer Ruhe und Leere. Das stärkt Ihr Selbstwertgefühl, so daß Sie von der ständigen Selbstkritik Abstand nehmen können.

Vorbereitungen

Richten Sie den heiligen Raum her.

Während der ersten fünf Tage sollten Sie den Seelenblick nicht länger als fünf Minuten machen. Dann können Sie die Übung allmählich auf zehn, fünfzehn und zwanzig Minuten ausdehnen. Nehmen Sie sich viel Zeit, um zu verarbeiten, was geschieht.

Sie können sich vor einem Spiel auch allein die Seele blicken. Auch hier sollten Sie anfangs nicht mehr als fünf Minuten konzentriert schauen und dabei besonders auf ein tieferes, langsames Atmen achten. Das hilft Ihnen, zentriert und wach zu bleiben.

Die Übung

Machen Sie zuerst mit Ihrem Partner zusammen ein paar Lockerungsübungen. Dehnen Sie den Hals nach rechts und links, schütteln Sie Ihren Kopf und Ihre Schultern, und atmen Sie dabei tief durch.

Dann setzen Sie sich gegenüber, auf Stühlen oder mit gekreuzten Beinen auf dem Boden sitzend oder kniend. Sollten Sie auf dem Boden sitzen, legen

Sie sich ein dickes Kissen unter das Gesäß, damit Ihre Wirbelsäule aufgerichtet und Ihr Rücken entspannt ist.

Beginnen Sie mit einer Herz-zu-Herz-Begrüßung.

Berühren Sie sich mit Ihrem Partner so, daß Sie sich dabei gut entspannen können, zum Beispiel können Sie sich leicht an den Händen halten.

Atmen Sie tief und langsam, so daß Sie den Atemfluß bis hinunter in Ihren Bauch verfolgen können. Schließen Sie Ihre Augen, und erforschen Sie Körper und Verstand, als ob Sie Ihr Haus abschreiten würden, um eine genaue Inventur sämtlicher Räume vorzunehmen. Tasten Sie Ihren Körper im Geiste ab, um nachzuschauen, ob er irgendwo verspannt ist – vielleicht nehmen Sie verkrampfte Muskeln oder einen angespannten Magen wahr, vielleicht aber auch ein Gefühl von Stärke und Fülle. Akzeptieren Sie einfach alles, wie es ist. Vielleicht fällt es Ihnen zunächst schwer, regungslos zu bleiben, wenn Sie auf körperliche Verspannungen stoßen. Es ist aber möglich, sie einfach zur Kenntnis zu nehmen, zu akzeptieren und dabei mit der Meditation fortzufahren.

Überprüfen Sie Brustkorb und Herz und die Gefühle, die dort sitzen. Sind Sie traurig oder mißtrauisch? Spüren Sie Freude? Ist alles in Ordnung? Falls nicht, können Sie für den jetzigen Augenblick akzeptieren, daß es auch gut ist, sich nicht gut zu fühlen?

Beobachten Sie aufkommende Gedanken. Beurteilen Sie gerade etwas als falsch oder schlecht? Sind Sie mit Ihrem Partner einverstanden? Was ist mit Ihnen? Achten Sie auf sämtliche Unterhaltungen oder Monologe, die sich in Ihrem Kopf abspielen. Akzeptieren Sie diese Gedanken, ohne sich mit ihnen zu identifizieren. Beobachten Sie sie wie Wolken, die am Himmel vorüberziehen.

Wenn Sie sich ruhig fühlen, geben Sie Ihrem Partner ein kleines Zeichen – vielleicht drücken Sie sanft seine Hand – und warten auf das Antwortzeichen. Öffnen Sie Ihre Augen, und verbinden Sie Ihren Blick mit dem Ihres Partners. Schauen Sie entspannt in das linke Auge Ihres Partners. Dieses Auge gilt als das »empfänglichste« Auge, das die Energie des anderen ohne Widerstände aufnimmt, entsprechend der taoistischen Sicht, nach der die linke Körperhälfte Yin, weiblich und empfänglich, die rechte hingegen Yang, männlich und aktiv ist.

Konzentrieren Sie sich ganz auf dieses Schauen, und lassen Sie sich mit jeder Faser Ihres Wesens in den gegenwärtigen Augenblick ziehen.

Sagen Sie stumm zueinander: »Du liebst mich« oder »Wir sind eins«. Während Sie diese Worte für sich wiederholen, öffnen Sie sich für die Liebe und Achtung Ihres Partners. Lassen Sie Ihre Augen zum Fenster Ihrer Seele werden. Normalerweise senden wir durch unsere Augen Energie nach außen, wenn wir die Menschen und Dinge in unserer Umgebung betrachten. Dabei identifizieren wir uns mit den Gegenständen, denen wir unsere Aufmerksamkeit schenken, und vergessen uns selbst. Diese Art des Sehens scheint unsere Energie zu verbrauchen. Jetzt kehren Sie diesen Vorgang um und benutzen Ihre Augen als Magneten, die Energie und Liebe anziehen.

Durch die Stille Ihres Blickes wird sich langsam auch Ihr Denken beruhigen, und Sie werden zu einem Ort der Leere kommen, der Leere eines Spiegels, der alles wiedergibt und selbst doch nichts enthält. In diesem Augenblick der Stille hören Sie auf, sich mit Körper, Verstand und Denken zu identifizieren, und werden sich dessen bewußt, was Meditierende den »inneren Zeugen« nennen – das beobachtende, in sich ruhende Selbst, das alles, was Sie tun und denken, ruhig und leidenschaftslos betrachtet. Genießen Sie es, allmählich zu entdecken, daß Sie Sehen, Denken und Atmen miteinander verbinden können.

Hier, jenseits der individuellen Persönlichkeit, können Sie das Wesen des Menschlichen in Ihrem Partner wahrnehmen, das auch in Ihnen lebendig ist. Genießen Sie es, den anderen ohne jedes Ichgefühl wahrzunehmen, während Sie einfach da sind und auf dem Fluß des Atmens und Schauens dahintreiben – ohne jedes Ziel, vollkommen gegenwärtig im Hier und Jetzt, sich selbst und den anderen von Augenblick zu Augenblick erfahrend.

Ist Ihr Partner ein Mann, können Sie in ihm alle Männer sehen, die Sie jemals gekannt haben. Ist Ihr Gegenüber eine Frau, zeigen sich in ihr alle Frauen, die Ihnen jemals begegnet sind.

Achten Sie auf Ihren eigenen Atemrhythmus und den Ihres Partners. Schauen Sie, ob Sie Ihre Atmung ohne jede Anstrengung langsam aufeinander abstimmen können, bis Sie zusammen ein- und ausatmen. Atmen Sie normal und leicht. Versuchen Sie möglichst nicht zu sprechen. Lassen Sie sich Zeit.

Richten Sie an Ihren Partner still oder laut die Worte: »Ich erkenne und achte dich als Teil meiner selbst.« Kosten Sie das Gefühl der Hingabe und Achtung aus, das mit diesen Worten einhergeht. Während Sie dies bekennen, spüren Sie vielleicht, wie es Ihnen möglich ist, Ihrem Partner sämtliche Wunden zu verzeihen, die er Ihnen zugefügt hat, und die Vorwürfe loszulassen, an denen Sie insgeheim noch festhalten. Wenn nicht, akzeptieren Sie einfach, daß auch unsere Unvollkommenheit Teil des universellen Tanzes ist.

Beenden Sie die Übung mit einer Herz-zu-Herz-Begrüßung.

Hinweise

Wenn Sie gerne im Schneidersitz auf dem Boden sitzen möchten, die Position Ihnen aber unangenehm ist, versuchen Sie es einmal mit mehreren Kissen unter dem Gesäß, so daß Ihr Gesäß höher über dem Boden ist, während

Ihre Knie nach unten zeigen. Das verringert die Spannungin den Beinmuskeln. Oder Sie legen sich unter jedes Knie ein Kissen, so daß sich die Knie auf gleicher Höhe befinden wie Ihr Gesäß. Sie können auch versuchen, im japanischen Stil auf dem Boden zu knien, wobei Sie rittlings auf einem dicken Kissen zwischen Ihren Beinen sitzen. Sie können natürlich auch auf Stühlen sitzen.

Während Sie Ihren Partner mit dem »Seelenblick« betrachten, können Sie plötzlich den Eindruck haben, daß sein »normales« Gesicht verschwindet und durch eine schnelle Folge verschiedener Masken und fremder Gesicher ersetzt wird. Sie sehen Ihr Gegenüber in verschiedenen Lebensaltern, vom Kind bis zum Greis, oder verschiedenen Stimmungen, wutentbrannt, verführerisch oder ernst. Sie können sogar glauben, daß Sie Gesichter Ihres Partners aus »vergangenen Leben« sehen – einen mongolischen Krieger vielleicht oder eine ägyptische Tänzerin.

Wieder hängt es von Ihrer Einstellung ab, wie diese Übung für Sie verläuft. Sie können diese seltsame Erfahrung von sich weisen oder sie als eine Lehre annehmen. Die tantrische Tradition fordert uns auf, die ganze Bandbreite unserer Möglichkeiten als menschliche Wesen zu erforschen. Bei dieser schnell wechselnden Folge von Gesichtern werden Sie sehen, daß uns tatsächlich ein unendliches Spektrum offensteht. Tantra lehrt uns auch, daß physische Formen einem dauernden Wechsel unterworfen und ein Ausdruck von *Maya* sind, der großen Illusion, durch die sich das Bewußtsein in einem ständigen Fluß als Materie manifestiert. Behalten Sie das im Gedächtnis, beobachten Sie alles, was Sie sehen, mit etwas Abstand, und konzentrieren Sie sich auf Ihre Atmung. Dann wird das vertraute Gesicht Ihres Partners schon bald aus den wechselnden fremden Gesichtern wieder auftauchen.

Wenn Ihnen die Seelenblick-Meditation geläufiger ist, können Sie sich damit vor jeder neuen Übung auf Ihren Partner einstimmen oder sie jedes Mal dann machen, wenn Sie das Bedürfnis verspüren, sich tiefer mit ihm zu verbinden.

Die Achtung vor der Ekstase des Körpers

Tantra hat erkannt, daß der Körper in sich alle Anlagen zu seiner eigenen Vervollkommnung trägt. In unserer Kultur ist dieser Respekt vor der dem Körper innewohnenden Weisheit nicht sehr verbreitet. Die meisten Menschen denken, sie müßten den Körper mit dem Kopf regieren. Für sie ist der Kopf der Meister und der Körper eine Art Maschine, ein Wagen, der in jede Richtung gelenkt werden kann, in die der Besitzer zu fahren wünscht.

Da man ihnen beigebracht hat, ihre Körper seien Maschinen, die zu funktionieren haben, die sie reparieren, verändern, disziplinieren und trainieren müssen, haben sie das Gefühl, das verdammte Ding niemals dahin zu kriegen, daß es richtig läuft. Die Folge ist oft, daß sie schließlich ihrem Körper mißtrauen – wie Löwenbändiger, die mit der Peitsche in der Hand in jedem Moment mit einer plötzlichen Rebellion der gezähmten Tiere rechnen.

Den Körper lieben lernen

Wenn wir unseren eigenen Körper nicht lieben können, wie sollen wir dann einen anderen Menschen finden, der ihn liebt? Wie können wir mit unserem Liebsten genießen, was wir selbst nicht schätzen? Wie sollen wir uns beim Liebesspiel unserem Körper hingeben können, wenn wir ihm insgeheim mißtrauen und ihn wie einen Roboter herumkommandieren?

Energie ist ewiges Entzücken.

William Blake

Natürliche Anmut

Wenn die Liebenden im Hohen Sex mit ihrem Körper mehr in Einklang kommen und beim Liebesspiel sinnlicher und geschickter werden, entwickeln sie auf natürliche Weise ein Gefühl für »Stil«. Aber das ist eine völlig andere Art von Stil, als wir ihn aus der Modewelt kennen. Sie sind nicht unbedingt todschick angezogen oder haben eine makellose Figur, sondern sie fühlen sich wohl in ihrem Körper und mit sich selbst. Die Anmut ihrer Bewegungen vermittelt das Gefühl eines vitalen Wohlbefindens und eines natürlichen Selbstwertgefühls. Dieses Gefühl wächst von innen und ist nicht von gesellschaftlichen Trends abhängig. Für tantrische Liebende ist der Körper ein enger Freund, der ganz unabhängig von Alter, Form oder Hautfarbe akzeptiert, umsorgt und geschätzt wird.

Vor vielen Jahren habe ich einmal an einem Tantra-Training in Frankreich teilgenommen, bei dem der Leiter das Thema körperliche Schönheit ganz dramatisch und provokativ angegangen ist. Er fragte die Teilnehmer, wer von ihnen es sich zutraue, sich auszuziehen und seinen Körper zu zeigen. Um es ihnen leichter zu machen und die Sache mit etwas Humor aufzulokkern, wurde jeder Teilnehmer aufgefordert, einen originellen Weg für dieses Entkleidungsmanöver vor der Gruppe zu finden. Einige legten Bauchtanzmusik auf und führten einen Striptease vor. Andere wünschten sich von der Gruppe, daß sie sie singend und händeklatschend begleitete. Eine Frau wollte, daß wir unsere Augen so lange geschlossen hielten, bis sie ganz nackt sei. Die meisten von uns durchlebten peinliche Momente, in denen wir dachten: Meine Brüste sind zu klein, meine Oberschenkel zu dick, mein Hintern sieht aus wie eine Birne ... Wie soll ich es bloß aushalten, daß alle das sehen? Bei den meisten Menschen war hinter ihrer spielerischen Fassade Anspannung verborgen, die aus der unausgesprochenen Angst entstand, ihr Körper würde nicht akzeptiert werden.

Schließlich war Michel an der Reihe, ein Mann, der seit vielen Jahren Tantra studiert hatte. Obwohl er in der Gruppe sehr engagiert war, hatte er sich bislang eher im Hintergrund gehalten. Er war zu irgendeiner Zeit seines Lebens einmal schwer verletzt worden und humpelte auffällig. Während er langsam in die Mitte der Gruppe ging, setzte mir fast das Herz aus. Würde er es wagen, sich auszuziehen?

Anders als die übrigen bat Michel einfach um Stille. Er setzte sich hin mit der Ungeschicklichkeit eines Menschen, dessen Oberschenkelmuskeln nicht sehr kräftig sind. Er schien sich seines Körpers nicht im geringsten zu schämen und akzeptierte dessen Behinderung ganz offensichtlich als einfache Tatsache. Er begann, seine Schuhe aufzuschnüren, und kurz darauf kamen ein Paar krummer Füße zum Vorschein, dann zwei sehr dünne Beine und dann ein mit tiefen Narben bedeckter Oberkörper.

Michel machte so langsam weiter, als befände er sich allein in seinem Schlafzimmer. Seine Hände bewegten sich ruhig, seine Bewegungen insgesamt waren fließend. In seinen blauen Augen glänzten die Stärke und Festigkeit eines Kämpfers, der sich auf ein fernes Ziel konzentriert. In seinem Stolz lag eine Spur von Trotz, und zugleich umgab seine gelassenen Züge ein Strahlen; sein Verhalten wirkte sehr konzentriert und irgendwie demütig. Nachdem er mit dem Auskleiden zu Ende gekommen war, blieb die Gruppe noch eine ganze Weile absolut still und brach dann spontan in Applaus aus.

Für mich war Michels »Vorstellung« eine Offenbarung. In wenigen Minuten hatte er den Mythos entlarvt, der uns alle gefangen hält, daß nämlich Schönheit sich in vollkommenen Formen zeigt. Aber wenn die Schönheit, die er enthüllte, nicht die des Körpers war, woher stammte sie dann? Die Antwort, die sich mir damals offenbarte, lautet: *Schönheit entstammt dem Geist. Nicht dem Geist werden die Kleider umgehängt, sondern er ist es, der den Körper ›kleidet‹!* Dieser Mann wußte, daß er *nicht* sein Körper war. Weder identifizierte er sich mit dessen Form, noch verurteilte er ihn, und trotzdem war sein Körper sein Freund.

Ein solcher Mensch ist eine Ausnahme. Fast alle – vor allem die Frauen unter uns – haben Scheu, sich zu entkleiden. In meinen Gruppen fällt mir auf, daß viele Menschen in ihren Kleidern verlegen aussehen, als ob sie versuchten, etwas zu verstecken. Und ich bin immer wieder erstaunt zu sehen, wie anmutig die Körper derselben Menschen in ihrem natürlichen Zustand sind. In dieser Anmut spiegelt sich der Geist, der in der Form verborgen ist.

Der Körper als Tempel

Im Hohen Sex wird der Körper nicht als Hindernis für einen reinen und freien Geist betrachtet, sondern als Sprungbrett für den Flug des Geistes. Um zu den Höhen ekstatischer Sexualität aufsteigen zu können, müssen Sie fest in Ihren Körper verwurzelt sein. Der Körper ist Ihr Tempel, der Sitz einer einzigartigen Gottheit – und die sind Sie. Als Tempelwächterin oder -wächter achten Sie dieses Gebäude und sorgen dafür, daß der Geist in Hochstimmung bleibt, indem Sie den Tempel sauber und gesund halten, damit er der Gottheit – dem inneren Geliebten –, die ihn bewohnt, Geborgenheit bietet.

In diesem Buch werden Sie lernen, wie Sie durch die Pforten dieses Tempels eintreten können, um seine geheimen Gärten und Wasserfälle aufzusuchen und die anderen herrlichen Orte und Plätze der Lust, die er Ihnen bietet.

Sie lernen, den Körper als einen erstaunlich intelligenten und empfindsamen Organismus zu verehren, denn er stellt die höchste Entwicklungsstufe der Evolution dar. Aus tantrischer Sicht ist der Körper das Werkzeug für die Transformation des Bewußtseins, der Schmelztiegel, in dem das Schwermetall körperlicher Energie zum puren Gold der Ekstase veredelt werden kann. Und wenn wir den Körper lieben und seine verborgene Weisheit entdekken, können auch wir wie die tantrischen Seher zu dem Verständnis gelangen, daß jemand, der die Wahrheit über den Körper erkennt, damit die Wahrheit über das gesamte Universum erfährt.

Auch wenn Sie im Hohen Sex keine Muskelpakete und keine filmreifen Kurven brauchen, ist es doch wichtig, daß Sie durch gesunde Ernährung, Körperübungen, tiefe Atmung und Entspannung zu einem optimalen körperlichen Wohlgefühl gelangen. Als Entspannungshilfe empfehle ich Ihnen mindestens einmal wöchentlich eine Ganzkörpermassage. Für den Hohen Sex brauchen Sie einen biegsamen, geschmeidigen Körper, der beim Liebesspiel leicht und mühelos seine Position wechseln kann.

Wenn wir uns schwach und deprimiert fühlen, sind wir unseren unbewußten Impulsen ausgeliefert. Sind wir angespannt, ängstlich und besorgt, haben wir nicht genügend Konzentration und Lebenskraft, um aus dem Liebesspiel eine bewußte Erfahrung zu machen, die beide Partner befriedigt und bereichert.

Sie müssen wie Michel erkennen, daß Ihr Körper Ihr Freund ist. Das bedeutet, ihn so zu akzeptieren, wie er im Augenblick ist – und nicht, wie er sein könnte oder würde, wenn Sie ihn erst einmal »bearbeitet« hätten. Auf diese Weise können Sie und Ihr Körper zu Liebespartnern werden, die nach einer langen Zeit des Zusammenlebens eine tiefe Kameradschaft entwickelt haben. Sie haben keine Hemmungen voreinander, müssen sich nichts beweisen oder sich gegenseitig verändern. Sie stehen in einem kontinuierlichen Austausch miteinander, der so natürlich verläuft wie Ebbe und Flut.

So betrachtet ist das »Arbeiten« mit dem Körper keine schwere und ernste Angelegenheit, sondern ein lustvolles, spielerisches Feiern des Lebens.

Verbotene Räume erschließen

Um sich auf die folgenden Übungen vorzubereiten und sie voll für sich nutzen zu können, stellen Sie sich einmal vor, daß Sie das prächtigste Schloß, in dem Sie aufwuchsen – Ihren Körper –, erst vor kurzem geerbt haben und jetzt zurückkehren, um dort zu leben. Ganz langsam besichtigen Sie die vielen Räume und besuchen jeden Tag einen anderen.

Manche Zimmer sind gemütlich und lichtdurchflutet. Sie sind Ihnen noch aus Ihrer Kindheit bekannt, und Sie fühlen sich wohl in ihnen. Diese Zimmer entsprechen den Teilen Ihres Körpers, die Sie akzeptieren und mit denen Sie sich verbunden fühlen – zum Beispiel Ihrem Brustkorb oder Ihrem Gesicht.

Andere Räume, möglicherweise Ihre Oberschenkel und Ihr Becken, sind dunkel und »böse« oder verschlossen und wurden Ihnen von Kindheit an verboten. Wieder andere wurden niemals richtig eingerichtet und müssen renoviert werden.

Diese Wanderung durch das Schloß

ist nicht immer leicht, besonders wenn es darum geht, die dunklen, verbotenen Räume aufzuschließen. Manchmal können Sie das Gefühl haben, als wären bestimmte Teile Ihres Körpers wie

---

Die Wahrheit über den Körper wissen, heißt, sich seiner Regungen bewußt zu sein, seiner Impulse und Beschränkungen, heißt zu spüren, was im Körper abläuft. Wenn ein Mensch die Verspannungen, Verhärtungen oder Ängste seines Körpers nicht fühlt, verleugnet er demnach die Wahrheit seines Körpers.

Alexander Lowen
Liebe und Orgasmus

---

erstarrt. Sie sind total verschlossen und lassen überhaupt keine Empfindungen zu, im Bett vermitteln Ihnen die Berührungen Ihres Liebsten an diesen Stellen kaum oder gar kein Gefühl von Lebendigkeit. In solchen Momenten wissen Sie nicht, wie Sie sich öffnen und zulassen können, daß die Berührungen Ihres Liebsten Sie im Innersten erreichen. Tatsächlich fühlen Sie sich wie abgeschnitten von sich selbst. Wie kommt das?

Als Kinder sind wir unschuldige Wesen, die vor Leben nur so sprühen und deren Bewegungen und Energien im Fluß sind. Untersuchungen haben gezeigt, daß wir ein gesundes Körperbild entwickeln, wenn man uns in diesen Jahren hält, mit uns schmust und uns streichelt. Diese spontane Vitalität wird aber nach und nach eingeschränkt. Unsere natürliche Neigung, unseren Körper und das Leben zu bejahen, wird durchkreuzt von den wohlmeinenden, aber negativen Konditionierungen, welche die Gesellschaft uns auferlegt, »dies« und »das« nicht zu tun und uns vor allem »da unten« nicht anzufassen.

Auf diese Weise gelangen viele von uns zu dem Glauben, daß unsere natürliche Lebensweise verkehrt, wenn nicht sogar gefährlich ist, und wir unterdrücken lebendige Gefühle wie Begehren, Anziehung, Erregung und Abenteuerlust. Wenn wir uns verkrampfen und zurückziehen, um Verletzungen zu vermeiden, kommt der Energiefluß zum Stillstand. Wir spüren vielleicht keine Schmerzen, aber auch keine Lust. Diese Verkrampfung findet nicht nur im genitalen Bereich, sondern überall im Körper statt und beeinträchtigt uns in unserer Sexualität.

So zieht sich zum Beispiel unsere Kehle zusammen, und das Gesicht verkrampft sich und erstarrt, wenn wir in der Kindheit laute Regungen wie Schluchzen, Schreien und Brüllen unterdrücken. Die Beine fühlen sich steif und unbeweglich an, wenn der Drang zu treten, sich herumzurollen oder zu tanzen an seinem Ausdruck gehindert wird. Und – das ist besonders wichtig – wenn wir die Analmuskeln zusammenziehen, um Ärger zu unterdrücken, oder die Genitalmuskeln kontrahieren, damit verbotene sexuelle Gefühle sich nicht ihren Weg bahnen können, halten wir unser Becken fest, das dadurch steif und unbeweglich wird. Das sind typische Reaktionen, die sich, wenn sie in der Kindheit als Reaktion auf elterliche Verbote und Ablehnungen oft genug wiederholt werden, allmählich zu Gewohnheiten verfestigen und bestimmte Körperbereiche gänzlich abtöten. Wilhelm Reich, ein Pionier auf dem Gebiet der Psychotherapie und Sexologie, war der erste, der diesen Abtötungsprozeß erkannte; er bezeichnete ihn als »Körperpanzerung«.

So entsteht Angst vor unserer Fähigkeit, Lust zu empfinden. Empfindsam sein heißt verletzlich sein – man könnte uns ja weh tun! Also halten wir uns zurück. In bestimmten Körperteilen bleibt unsere Energie eingefroren, und der Körper fühlt sich in diesen Bereichen steif und tot an. Das Verbot, unsere Genitalien zu berühren, zu achten, zu lieben und zu genießen, verschließt eine Quelle für unsere Empfindungsfähigkeit. Wir bauen einen Panzer um uns herum, um uns vor tiefen Gefühlen zu schützen, die wir als potentielle Bedrohung empfinden.

Die Verletzungen, die unserem Körper auf diese Weise zugefügt wurden, müssen geheilt werden. Im Hohen Sex lernen Sie, die verletzten Bereiche zu erkennen, zu erforschen und zu heilen, indem Sie sie akzeptieren, zärtlich umsorgen und liebevoll berühren.

Aufgestaute Energien freisetzen

Je besser Sie in der Lage sind, emotional und körperlich »zu fließen«, desto intensiver erleben Sie auch orgastische Lust. Emotionale und sinnliche Beweglichkeit ist die Sprache des Liebesspiels. Sie können in der Liebe nicht orgastisch sein, wenn Sie in Ihrer Wut oder Ihrem Lachen nicht orgastisch sind, das heißt, wenn Sie aufgebauten Energien nicht Ausdruck verleihen und sie nicht wirklich loslassen können.

Der Körper kann eine ungeheure energetische Aufladung erzeugen. Aber er kann diese Aufladung nicht auf unbestimmte Zeit beibehalten, ohne Schaden zu nehmen. Die Aufladung muß entladen werden, wenn die Körperprozesse harmonisch ablaufen sollen. Verleihen Sie gespeicherter Energie durch Bewegung, Laute und ein dynamisches Liebesspiel Ausdruck, entladen Sie sie. Die energetische Aufladung, Entladung und Neuaufladung stellen den natürlichen Kreislauf des Lebens dar. Er kehrt auch im Liebesspiel wieder, das mit der Erregung und Aufladung sexueller Energie beginnt und in der orgastischen Entladung seinen Höhepunkt findet, auf die dann wieder Entspannung und Neuaufladung folgen.

Wenn Ihnen dieser Prozeß geläufig ist, werden Sie die Praktiken für Fortgeschrittene lernen, bei denen Sie eine größere energetische Aufladung erzeugen und diese dann, statt sie zu entladen, im Körper halten und die Energie in höhere lustvolle und ekstatische Ebenen kanalisieren. Der erste Schritt besteht jedoch darin, die Energie freizusetzen, die im Körper durch Blockierungen, verursacht durch Erziehung und frühere Beziehungen, eingeschlossen ist. Das kann anfangs unangenehm sein, bahnt Ihnen aber den Weg zu einem ganzen Spektrum lustvoller Gefühle.

Die drei Schlüsselmethoden für den Aufbau und die Entladung von Energie

Es folgen drei wichtige Schlüsselmethoden, die Ihnen sowohl bei der energetischen Entladung als auch bei der Aufladung des Körpers helfen: tiefes Atmen, Bewegung und Laute ausstoßen. Denken Sie von jetzt ab bei jeder Übung daran, daß Sie diese drei Elemente auch gleichzeitig anwenden können, ob Sie allein oder mit Partner üben. Durch die kombinierte Anwendung dieser drei Methoden wächst die Fähigkeit des Körpers, ein hohes Maß an Energie zu erzeugen und zu halten, was als intensivere und ausgedehntere körperliche Erregung erlebt wird.

Tiefes Atmen

Der unmittelbarste Weg, Energie im Körper aufzubauen, besteht darin, daß Sie mehr Sauerstoff zu sich nehmen, indem Sie tiefer und voller atmen und sich vorstellen, daß die Luft nicht nur Ihre Lungen, sondern Ihren ganzen Bauch füllt. Anschließend atmen Sie ebenso tief aus. Wenn Ihre Atmung aktiver wird, steigt Ihre Energie, und die Nervenenden unter der Haut werden sensibilisiert, was sich in kribbelnden und vibrierenden Empfindungen zeigt, als perlten Sektbläschen unter Ihrer Haut. Denken Sie also während der gesamten Übung immer daran, tief zu atmen.

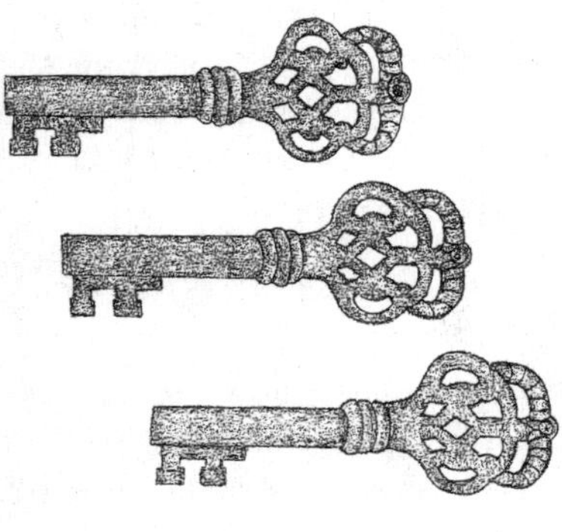

Ein paar tiefe, gleichmäßige Atemzüge wirken innerhalb weniger Minuten auf den ganzen Körper, steigern und intensivieren seine Lebendigkeit, indem der Stoffwechsel angeregt wird und die Blut- und Energiezufuhr zu den lebenswichtigen Organen zunimmt.

Die Nasenatmung fördert unsere Konzentration, verlangsamt den Stoffwechsel des Körpers und hält die Energieaufladung zurück. Das Einatmen durch den Mund dagegen unterstützt die energetische Aufladung, das Ausatmen durch den Mund beschleunigt die Freisetzung von Emotionen. Richtig weinen können Sie zum Beispiel nur, wenn Sie durch den Mund atmen.

Bewegung

Wann immer es möglich ist, sollten Sie Ihre Gefühle durch Bewegung ausdrücken. Agieren Sie mit dem ganzen Körper aus, was Sie innerlich fühlen oder was Sie zu sagen haben. Es ist sehr viel schwerer, die Energie im Körper ins Fließen zu bringen, wenn Sie bewegungslos bleiben, als wenn Sie tanzen und springen oder sich körperlich anders bewegen. Mangelnde Bewegung begünstigt Verkrampftheit und Steifheit des Körpers, wodurch wiederum Ihre Energie behindert und Gefühle blockiert werden. Wenn Sie den Körperteil, der sich bewegt, gleichzeitig visualisieren, werden selbst durch kleinste Bewegungen die Empfindungen in diesem Bereich verstärkt – eine Schlüsselmethode im Hohen Sex.

Laute ausstoßen

Wir neigen dazu, uns unseren Gefühlen gegenüber zu verschließen, aber Ekstase kann nur entstehen, wenn wir ihnen freien Lauf lassen. Erlauben Sie sich also bei den Übungen, von ganzem Herzen zu seufzen, zu schreien und zu weinen. Bremsen Sie Ihren stimmlichen Ausdruck nicht, halten Sie nichts zurück. Die Fähigkeit, Gefühle laut auszudrücken, ist maßgeblich für eine gute Gesundheit. Laute und Töne verleihen Ihrer Energie Farbe und Klang. Es erleichtert Sie, wenn Sie sich mit Lauten äußern, und Ihr Partner weiß besser, was Sie fühlen.

Sie können zum Beispiel mit dem Ausatmen tiefe Seufzer von sich geben oder beim Tanzen Töne aus dem Bauch kommen lassen. Und beim Liebesspiel werden Sie erleben, daß ganze Welten zwischen stummem Sex, wobei Sie sich jegliche Laute versagen, und dem Ausdruck Ihrer Gefühle durch Laute liegen – zwischen stummer Zurückhaltung, die auf inneren Verboten beruht, und dem wilden Gesang der Hingabe an explodierende Energien.

Die Übungen zu den drei Schlüsselmethoden öffnen uns die Tür zu einem reicheren Ausdruck unserer sexuellen Gefühle und erotischen Empfindungen.

Das Reinigungsritual

Sinn und Nutzen

Dieses Ritual verleiht Ihnen das Gefühl, fest im Körper zentriert zu sein, und diese Verankerung ist im Hohen Sex deshalb ganz entscheidend, weil wir uns in unserem Körper auf Ekstase zubewegen. Sie können das Reinigungsritual auch regelmäßig dafür einsetzen, den Übergang von Ihren Alltagsbeschäftigungen zur heiligen Atmosphäre Ihres Trainings im Hohen Sex zu markieren.

Vorbereitungen

Sie können die Anleitungen für diese und die folgenden Übungen wie Bühnenanweisungen lesen. Sie und Ihr

Partner sind aufgefordert, Szenen auf eigene Weise aufzuführen. Dem verspielten Kind und dem Schauspieler in Ihnen wird es sicher Spaß machen, diese Rituale für Körperbewußtheit zu gestalten.

Diese Praktiken sind am wirkungsvollsten, wenn Sie sie mit einer spielerischen Haltung und ohne *das* ideale Ziel vor Augen machen, an dem Sie sich zu messen hätten. Es reicht völlig aus, wenn Sie bei jeder Übung mit ganzem Herzen dabei sind. Sollten Zweifel auftauchen, ob Sie es gut genug machen, dann kämpfen Sie nicht dagegen an; nehmen Sie einfach zur Kenntnis, daß diese Gefühle da sind, und fahren Sie in Ruhe mit der Übung fort.

Halten Sie die vorgegebene Reihenfolge ein. Sie können sämtliche Übungen im Laufe eines Abends machen. Am besten machen Sie und Ihr Partner die ersten drei Übungen gleichzeitig, aber getrennt in verschiedenen Räumen und kommen dann für die weiteren Übungen wieder zusammen. Durch diese anfängliche Trennung können Sie sich auf Ihren eigenen Körper konzentrieren, der andere wird für Sie geheimnisvoller, und Sie begegnen sich dann mit gespannter Freude.

Bevor Sie anfangen, vereinbaren Sie mit Ihrem Partner einen Zeitpunkt für Ihr Zusammentreffen. Nehmen Sie sich genügend Zeit, in der Sie nicht abgelenkt werden. Für die vollständige Übungsfolge brauchen Sie ungefähr drei Stunden. Die erste Übung dauert etwa fünfundvierzig Minuten.

Die Übung

Sitzen Sie allein zehn Minuten lang ruhig da. Atmen Sie tief und gleichmäßig. Beobachten Sie, wie Ihre Gedanken kommen und gehen. Sagen Sie sich, daß Ihr Verstand eine Nebenrolle spielt und jetzt der Körper der Hauptdarsteller ist, dem Sie Ihre ganze Aufmerksamkeit schenken. Unterstützen Sie diese Konzentration auf Ihren Körper mit beruhigenden, entspannenden und heilenden Gedanken wie: »Ich liebe und schätze meinen Körper so, wie er ist«, oder: »Die Beziehung zu meinem Körper wird jeden Tag schöner.« Stellen Sie sich vor, daß Sie sich auf einen großen Anlaß vorbereiten, und führen Sie jeden Schritt mit einer gewissen Feierlichkeit durch.

Wenn Sie sich ruhig und in Ihrer Mitte fühlen, stehen Sie auf, entkleiden sich langsam und gehen unter die Dusche. Duschen Sie zunächst ganz heiß. Das entspannt die Muskeln und zieht Ihre Lebensenergie ganz ins Körperinnere. Atmen Sie gut aus, während Sie das Wasser etwas länger über jene Muskeln laufen lassen, die sich verspannt anfühlen. Stellen Sie sich vor, wie sich die Muskeln unter dem Wasser allmählich lockern und sich die Anspannung löst, während Sie weiterhin tief atmen.

Wenn Sie sich entspannt fühlen, gehen Sie zu kaltem Wasser über. Drükken Sie mit Lauten aus, wie Ihr Körper auf den Schock reagiert. Halten Sie einen Körperteil nach dem anderen unter das kalte Wasser, angefangen mit Ihren Beinen, dann Rückgrat, Arme, Brustkorb und Bauch, Hals, Gesicht und Schädeldecke. Die Kälte wirkt zusammenziehend, holt auf diese Weise die Körperenergie zur Hautoberfläche und beschleunigt den Blutkreislauf. Atmen Sie kräftig unter dem kalten Wasser, springen, schreien und grölen Sie, um ganz lebendig zu werden. Dann steigen Sie neu belebt aus der Dusche, bereit für weitere Abenteuer.

Trocknen Sie sich langsam und zärtlich ab, und konzentrieren Sie sich dabei ganz auf das Gefühl des trockenen, sauberen Handtuchs auf Ihrer Haut.

Dann widmen Sie sich sorgfältig Ihren Händen. Säubern Sie sie gründlich, und schneiden Sie sich die Nägel. Da Sie gleich intimen Kontakt in verschiedenster Form haben werden, ist es wichtig, kurze, saubere Nägel zu haben, damit Sie sich und den anderen nicht verletzen. Reiben Sie sich die Hände mit einer Handcreme ein, damit sich die Haut bei Berührungen schön weich anfühlt.

Putzen Sie sich die Zähne, und achten Sie darauf, daß Ihr Atem frisch ist. Auch wenn das für Sie alltägliche Verrichtungen sind, sollten Sie dabei nicht in die übliche Routine verfallen. Mit einer feierlichen Haltung können all diese Aktivitäten zu etwas Besonderem werden. Tröpfeln Sie etwas Pfefferminzöl auf Ihre Zunge, damit Ihr Atem frisch ist, oder spülen Sie sich den Mund mit Ihrem Mundwasser.

Männer sollten sich vor jeder

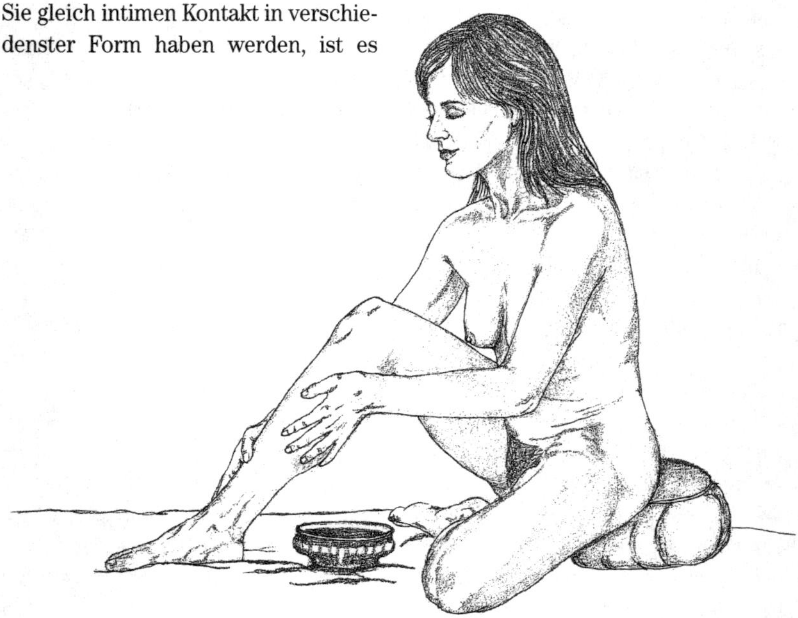

Übungssitzung rasieren. Ein Stoppelbart ist für die Haut der Frau unangenehm.

Ich trage für diesen Anlaß am liebsten Düfte auf. Wenn Sie Ihren Körper in Parfüms und Pflanzenessenzen einhüllen, schaffen Sie damit eine zum Verwöhnen einladende romantische Atmosphäre. Tragen Sie verschiedene Düfte auf die einzelnen Körperteile auf, um Ihren Partner zu überraschen und zu entzücken:

- *Pfefferminze* auf dem Nabel weckt ein Gefühl von innerer Kraft und Zentriertheit.
- *Lavendel* auf den Schläfen und hinter den Ohren entspannt und beruhigt.
- *Ylang-Ylang* oder *Vanille* auf dem Perineum (Damm) wirkt sexuell stimulierend und erwärmt das Hautgewebe in diesem Bereich. Achten Sie darauf, das reine Pflanzenextrakt der Ylang-Ylang-Blüte zu verwenden; künstliche Duftstoffe können Ihre Haut reizen.
- *Zitrone* oder *Lemongras* auf den Beinen regt den Kreislauf an.
- *Eukalyptus* auf dem Brustkorb und dem Lungenbereich hilft, die Atemwege zu öffnen.
- *Sandelholz* zwischen den Augenbrauen und auf dem Scheitel fördert Ruhe und Meditation.

Frisch, sauber und energiegeladen sind Sie jetzt bereit, die Kraft Ihres Körpers mit Hilfe der Grundhaltung zu wecken und zu festigen.

Die Grundhaltung

Diese Übung stellt eine einfache und doch ganz wichtige Möglichkeit dar, sich mit der Erde verwurzelt zu fühlen und im Körper geerdet zu sein.

Sinn und Nutzen

Diese Übung weckt die Energie im Körper, Sie werden sie auch noch bei späteren Übungen anwenden. Sie ist besonders nützlich, wenn Sie feststellen, daß Sie von einer Übung abschweifen oder Angst haben, sich einer bestimmten Situation zu stellen.

Vorbereitungen

Sie müssen auf festem Boden stehen. Matratzen oder ähnlich weiche Unterlagen sind nicht geeignet. Stellen Sie sich möglichst auf einen dünnen Teppich, auf einen Kachel- oder Holzfußboden.

Nehmen Sie sich drei bis fünf Minuten Zeit.

Die Übung

Sie stehen mit den Füßen parallel etwa schulterbreit auseinander und flach auf dem Boden. In den Knien geben Sie leicht nach, als ob Sie Ski fahren wollten, wobei Sie Ihren Rükken gerade halten, der Kopf nach vorne schaut und der Oberkörper ebenso gerade aufgerichtet ist wie

Ihre Rückenwirbel und die ganze Wirbelsäule vom Kreuz bis zum Schädelrand.

Lassen Sie Ihre Arme locker neben dem Körper hängen. Entspannen Sie Kiefer und Bauch, atmen Sie durch den Mund.

Machen Sie es sich jetzt in dieser Haltung bequem. Spüren Sie, wie Sie fest mit dem Boden verwachsen sind und dabei ganz wach und jederzeit bereit sind, zu Bewegungen überzugehen. Versuchen Sie, den Oberkörper aus dieser Grundhaltung nach beiden Seiten kreisen zu lassen, sich vor- und zurückzubeugen und zum Tanzen und Springen überzugehen, während Sie zentriert und kraftvoll bleiben. Lassen Sie das Gefühl von Stärke und Verwurzelung wachsen.

Wenn Sie während dieser Übung Schmerzen in den Waden oder in den Oberschenkeln verspüren, schaukeln Sie leicht nach hinten, und verlagern Sie Ihr Körpergewicht auf die Hacken. Das verringert die Spannung. Sie können auch versuchen, Ihr Körpergewicht langsam vom rechten auf den linken Fuß und wieder zurück zu verlagern.

Schließen Sie die Übung mit einer Herz-zu-Herz-Begrüßung für sich selbst ab.

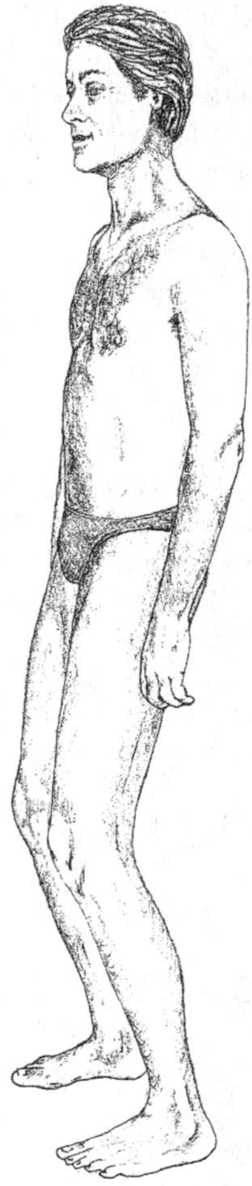

Die Grundhaltung.

Die Kunst erotischer Berührungen

Die nächsten drei Übungen führen Sie in die Kunst erotischer Berührungen ein und räumen dem Berühren wieder seinen rechtmäßigen Platz im Reich der Sinne und der Emotionen ein. Vielen Menschen ist in der Kindheit Zuwendung in Form von Berührungen, Umarmungen und Zärtlichkeiten vorenthalten worden. Untersuchungen haben gezeigt, daß dieser Mangel zu aggressivem Verhalten führen kann. Weil Schmusen oft als Vorspiel für den Liebesakt statt als ein sich selbst genügendes Zärtlichsein betrachtet wird, neigen manche Menschen, vor allem Frauen, dazu, sich auch dann auf Sex einzulassen, wenn sie eigentlich einfach nur im Arm gehalten und gestreichelt werden möchten.

Streicheln mit einer Feder

Sinn und Nutzen

Wie die Verschmelzungsumarmung erfüllen auch die Übungen für die erotischen Berührungen den Wunsch nach sinnlichem Kontakt ohne sexuelle Vereinigung und bahnen uns den Weg zu einer ganzheitlichen Sexualität.

Vorbereitungen

Sie brauchen für das Streicheln mit einer Feder, das Streicheln mit den Fingerspitzen und das Gleiten und Rutschen insgesamt etwa neunzig Minuten, wobei die einzelnen Übungen natürlich ineinander übergehen. Planen Sie auch ein, daß Sie die Übungen vielleicht länger machen möchten.

Sie benötigen ein paar lange, zarte Federn – Pfauenfedern eignen sich am besten –, mit denen Sie sich gegenseitig äußerst sanft und behutsam berühren können. Damit wirken Sie der im geschäftigen Alltagsleben vorherrschenden Tendenz entgegen, sich lediglich kurz und ohne viel Gefühl zu berühren.

Sie brauchen außerdem ein gutes Olivenöl oder ein anderes dickflüssiges Massageöl Ihrer Wahl.

Legen Sie eine sanfte, sinnliche Musik auf.

Bei den folgenden Anweisungen gibt Partner A, und Partner B empfängt. Der Gebende kann leicht bekleidet sein, während der Empfangende nackt sein sollte. Sorgen Sie dafür, daß es warm genug ist.

Die Übung

Als Mann betreten Sie zuerst den heiligen Raum. Stimmen Sie sich auf Ihren inneren Shiva ein, auf Ihre eigene innere Anmut. Spielen Sie eine Begrüßungsmusik, und warten Sie still und besinnlich auf Ihre Partnerin.

Als Frau nehmen Sie Kontakt mit

Ihrer inneren Shakti auf, Ihrer eigenen inneren Anmut, und betreten den heiligen Raum, wenn Sie die Musik hören, die Ihr Partner aufgelegt hat.

Schauen Sie sich mit einer neugewonnenen Zuneigung an, die nicht durch die Vergangenheit belastet ist. Es ist jetzt an der Zeit, jedes Mißtrauen gegen den anderen, alle Sorgen um die Zukunft sowie Vorbehalte, die auf vergangenen Ereignissen beruhen, beiseite zu lassen, Ihren Körpern gegenseitig Achtung zu erweisen und von ganzem Herzen Frieden miteinander zu schließen.

Denken Sie daran, während der ganzen Übung die drei Schlüsselmethoden anzuwenden – tiefes Atmen, Bewegung und Laute ausstoßen.

Beginnen Sie mit einer Herz-zu-Herz-Begrüßung, und gehen Sie dann zu einer Verschmelzungsumarmung über.

Partner A hilft Partner B behutsam, sich hinzulegen.

Partner B schließt die Augen.

Partner A beginnt langsam, Partner B am ganzen Körper sanft mit der Feder zu streicheln. Auf den Schultern und am Hals beginnend, streicheln Sie ganz allmählich und zärtlich den gesamten Körper von oben nach unten, und zum Schluß berühren Sie den Kopf.

Partner A muß darauf achten, tief zu atmen, während er Partner B mit der Feder streichelt und streift, und die Energie seines Herzens – seine Anteilnahme, Achtung und Liebe – bewußt durch seine Arme in die Berührungen fließen zu lassen. Die Feder sollte die Haut von Partner B kaum berühren. Je subtiler die Berührungen, desto größer die energetische Aufladung.

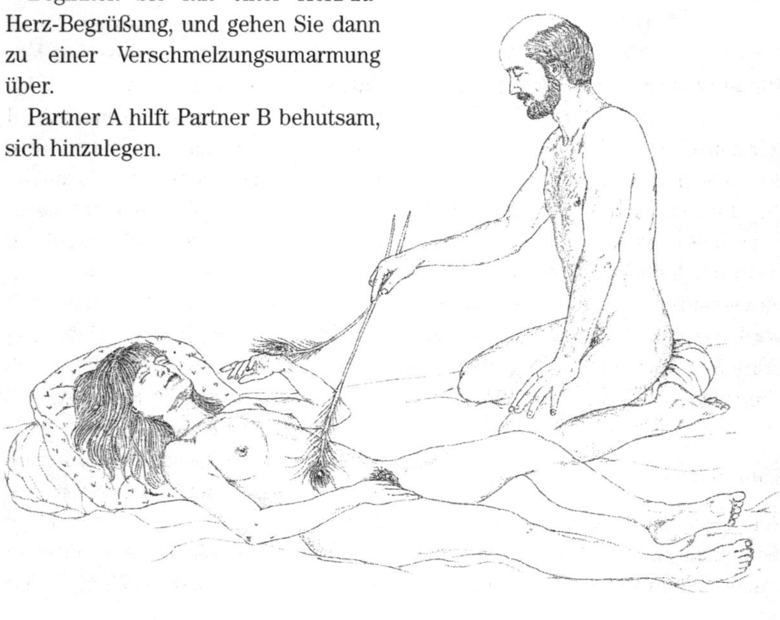

Partner B drückt seinen Genuß durch Seufzer und Töne aus, welche die Empfindungen wiedergeben, die seinen Körper durchströmen. Bewegen Sie sich langsam und sinnlich, öffnen Sie sich für die Berührungen, damit die Feder Ihren Körper überall erreichen kann.

Wechseln Sie anschließend die Rollen. Wenn Sie sich am ganzen Körper kitzeln, müssen Sie beide unweigerlich lächeln und lachen. Sie können diese spielerische Wirkung noch verstärken, indem Sie bestimmte, sehr empfindsame Körperstellen kitzeln – wie Ohrläppchen, Armbeugen, Handgelenke, Hände, Fußgelenke, die Innenseite der Oberschenkel – und die Reihenfolge der Berührungen plötzlich und unerwartet immer wieder verändern.

Mit den Fingerspitzen streicheln

Der ganze Körper ist eine einzige erogene Zone, und das gilt besonders für die Fingerspitzen. Die Akupunktur weiß, daß die Meridiane, die die Energie durch den Körper befördern, in den Fingerspitzen enden, so daß diese in der Lage sind, die Energie vom einen Körperteil zum anderen präzise zu übertragen.

Sinn und Nutzen

Bei dieser Übung werden Sie die Fingerspitzen als Zauberstäbe und elektrische Leitungen benutzen, mit deren Hilfe die Energie des Gebenden auf den Empfangenden übertragen wird. Die Übung ist keine Massage. Lassen Sie Ihre Fingerspitzen zu sinnlichen Antennen werden, mit denen Sie den Körper Ihres Partners »lesen« und seine erotischen Zonen entdecken und stimulieren.

Vorbereitungen

Spielen Sie weiterhin eine sanfte, sinnliche Musik.

Die Übung

Partner A reibt sich kräftig die Hände, um sie zu wärmen und energetisch aufzuladen. Setzen Sie Ihre Fingerspitzen wie Pfauenfedern ein, berühren Sie Partner B am ganzen Körper. Dabei streichen Sie so leicht über seine Haut, daß Sie sie kaum berühren.

Sie können auch kleine Kreise und Striche auf der Haut ziehen. Das kann eine konkrete elektrische Spannung erzeugen, die sich für den empfangenden Partner anfühlt, als zerplatze Schaum auf seiner Haut. Sollte Partner B nichts spüren, versuchen Sie ihn zunächst mit langen, festen Bewegungen zu streicheln, gehen allmählich zu leichteren Berührungen über und kommen zum Schluß wieder zum Streicheln mit den Fingerspitzen zurück, im Rhythmus mit den Reaktionen des Partners.

Berühren Sie sämtliche erotischen Zonen des Körpers, die geläufigen und

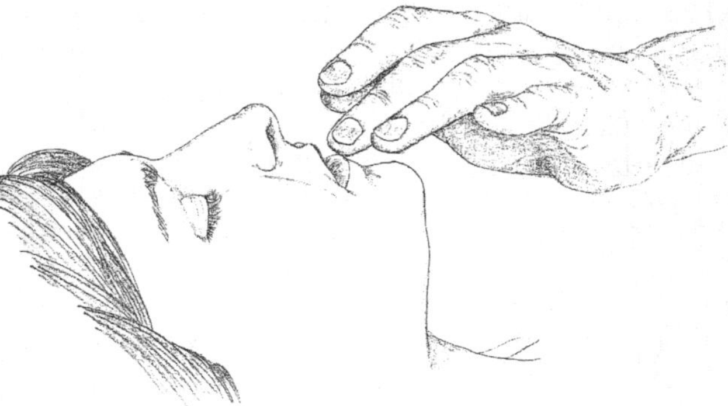

Streicheln mit den Fingerspitzen.

auch die weniger geläufigen: die Stelle hinter den Ohren, Augenlider, Wangenknochen und Augenbrauen, Lippen, die zarte Innenseite der Ellenbogen und Handgelenke, die Handinnenflächen, sowohl die Umgebung als auch Brustwarzen und Nabel selbst, die Schambeingegend, die Innenseiten der Oberschenkel, die Kniebeugen, die Innenseiten der Fußgelenke, Fußsohlen und Stellen, die Sie selbst entdecken.

Wenn Sie den ganzen Körper in leichte Streichelberührungen eingehüllt haben, stellen Sie sich mit gespreizten Beinen und in Blickrichtung auf seinen Kopf in Taillenhöhe über Ihren Partner, beugen sich zu ihm hinab und streichen mit beiden Händen mit gleichmäßigen, fließenden Bewegungen vom Nabel nach oben über seinen Brustkorb und seine Schultern und dann seine Arme hinab, wobei Sie gut ein- und ausatmen. Wiederholen Sie diese Bewegungen drei- bis viermal, und stellen Sie sich dabei vor, sämtliche Teile des Oberkörpers energetisch miteinander zu verbinden. Dann treten Sie ein paar Schritte zurück. Danach stellen Sie sich mit gespreizten Beinen über die Unterschenkel Ihres Partners und beginnen mit den gleichen, den Partner nur leicht berührenden Bewegungen, diesmal vom Nabel aus über Unterleib, Oberschenkel, Beine und Füße hinabzustreichen.

Anschließend lassen Sie Partner B ein paar Minuten ruhen und schließen dann diesen Teil der Übung mit einer Verschmelzungsumarmung ab.

Setzen Sie sich gegenüber, und schauen Sie sich an. Partner B erzählt Partner A, was er beim Streicheln mit den Fingerspitzen am meisten genossen hat.

Wenn Sie den verbalen Austausch beendet haben, wechseln Sie die Rollen.

Schließen Sie die Übung mit einer Herz-zu-Herz-Begrüßung ab.

Hinweise

Oft teilen Menschen sich beim Liebesspiel nicht mit, was sie wirklich gern haben, und vor allem, wo sie gern berührt werden möchten. Nutzen Sie also den verbalen Austausch als Gelegenheit, Ihrem Partner genau zu sagen, was Sie in der Liebe mögen.

Beim Streicheln mit den Fingerspitzen wie auch bei der nächsten Übung sollte der Gebende beachten, sich nicht ins Geben zu verlieren und seine eigenen Körperempfindungen nicht zu vergessen, denn das macht müde. Achten Sie darauf, daß Sie beim Geben tief atmen und bequem sitzen, damit Ihr Energiefluß nicht blockiert wird.

Gleiten und sich aneinander reiben

Mit dieser Übung rückt die sexuelle Begegnung stärker ins Blickfeld, und Sie gehen dabei von den feinsinnigen Empfindungen der vorigen Übungen zu ausgeprägt erotischen Gefühlen über. Sie kommen in den Genuß eines überaus sinnlichen, ausgedehnten Körperkontakts.

Sinn und Nutzen

Diese Übung macht Ihre Körper lichtempfindlich, leitet dann zu einer Entspannungsmassage über, um Verspannungen zu beseitigen, und bereitet Sie damit für die nächste Stufe vor.

Vorbereitungen

Weil Sie sich für diese Übung stark mit Öl einreiben müssen, sollten Sie den Fußboden oder Ihr Bett mit einer dikken Schicht Handtücher schützen. Ich nehme für diese Übung am liebsten Olivenöl. Da die Oliven im heißen Sonnenlicht gereift sind, kann Ihr Körper mit etwas Gespür diese Sonnenwärme aufnehmen. Für viele Menschen ist der Gedanke an Sonnenschein sexuell stimulierend. Olivenöl ist außerdem sehr gut für die Haut. Wählen Sie für diese Übung eine Musik, die etwas dynamischer und rhythmischer ist.

Die Übung

Nehmen Sie etwas Olivenöl, geben Sie ein paar Tropfen Pfefferminzöl und Gardenie hinzu, und reiben Sie sich gegenseitig am ganzen Körper leicht damit ein.

Dann stellen Sie sich dicht zusammen, und jeder windet sich mit seinem Körper in langsamen, wellenförmigen Bewegungen wie eine Schlange um den Körper des Partners herum. Erkunden Sie alle Möglichkeiten, umeinander herumzugleiten und zu schlüpfen.

Jetzt legt ein Partner sich hin, während der andere über ihn hinweggleitet, wobei Sie mit verschiedenen Körperteilen sinnlich übereinander rutschen und dafür Hände, Füße, Gesicht, Arme, Beine, Genitalien, Gesäß und Rücken benutzen. Wenn Sie sich mit den Armen abstützen, können Sie zum

Beispiel Ihre Brüste oder Genitalien langsam über den ganzen Körper Ihres Partners gleiten lassen und sich, angefangen bei den Füßen, über Beine, Bekken, Bauch und Brust zum Gesicht hochbewegen. Oder Sie rutschen über dem Brustkorb Ihres Liebsten hin und her und gleiten dann nach unten zu den Genitalien.

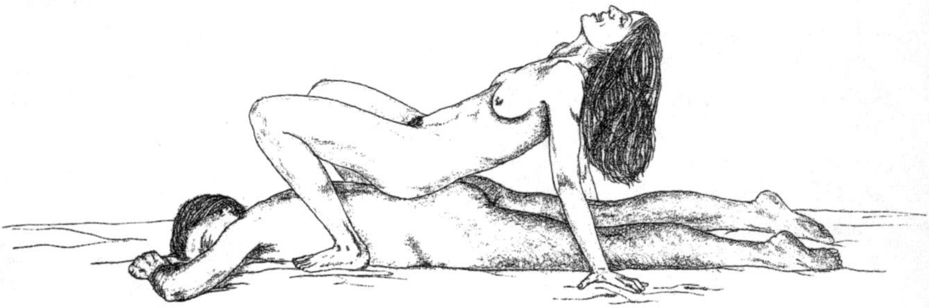

Gleiten und sich aneinander reiben.

Atmen Sie tief, entspannen Sie sich, und bleiben Sie bei Ihrer spielerischen Haltung. Verbinden Sie sich über Ihr ganzes Gewicht mit Ihrem Partner, aber benutzen Sie auch Ihre Hände zum Abstützen, damit Sie ihm nicht zu schwer werden.

Der liegende Partner muß nicht passiv bleiben. Sie können zusammen eine Art Ballett der langsamen Bewegungen aufführen, indem Ihre Körper sich harmonisch zusammen winden und ineinander verschlingen.

Wechseln Sie die Rollen, damit der unten liegende Partner auch einmal oben liegen kann.

Wenn Sie mit Ihrem »Schlangenspiel« zu Ende gekommen sind, bleibt ein Partner auf dem Rücken liegen, während der andere, am Kopfende sitzend, ihm leicht die Verspannungen im Nacken wegmassiert. Nehmen Sie den Kopf Ihres liegenden Partners so vorsichtig in die Hände, als wäre er eine Schale aus feinstem chinesischen Porzellan. Heben Sie ihn ein wenig an, und drehen Sie ihn vorsichtig von einer Seite zur anderen. Streichen Sie mit Ihren Fingerspitzen ganz zart am Ende der Wirbelsäule, am Schädelrand und den Nacken entlang, wobei Sie darauf achten sollten, tief zu atmen, und zwar, ohne sich ruckartig zu bewegen, mit den abwärts führenden Berührungen einzuatmen und mit den aufwärts führenden Berührungen auszuatmen. Nach dem Nacken können Sie noch den Kopf massieren und die Kopfhaut sanft mit Ihren Fingern bearbeiten. Dann können Sie Ihre Massage auf den oberen Rükken, auf Schultern und Arme ausdehnen. Wechseln Sie die Rollen.

Beenden Sie die Übung mit einer

Herz-zu-Herz-Begrüßung. Dann waschen Sie sich das Öl vom Körper.

Für einige Menschen ist das Abenteuer für diesmal hier zu Ende. Machen Sie sich keine Sorgen, wenn Sie jetzt müde sind. Hören Sie auf, und sparen Sie sich die folgenden Übungen für das nächste Mal auf.

Sollten Sie aber noch genug Energie haben, empfehle ich Ihnen ausdrücklich, mit den folgenden Übungen weiterzumachen. Ihr Körper ist jetzt so sensibilisiert und energetisch aufgeladen, daß Sie diesen Zustand nutzen sollten, um sich Zugang zu bislang unerschlossenen Quellen Ihrer sexuellen Energie zu schaffen.

Dehnen mit der Viereckübung

Es kann viel Spaß machen, mit Ihrem Partner zusammen Hüftgelenke, Knie und Knöchelgelenke sowie die Muskeln, die Beckenboden und Hüftknochen verbinden, zu dehnen.

Sinn und Nutzen

Durch diese Übung wird Ihr Becken offener und beweglicher und damit auf die Praktiken für Fortgeschrittene in späteren Kapiteln vorbereitet. Diese Übung zeigt Ihnen auch, wie Sie mit Ihrem Partner zusammen in einen Körperdialog treten, indem Sie lernen zu vertrauen, zu führen und zu folgen, loszulassen und einen gemeinsamen Rhythmus zu finden.

Vorbereitungen

Wenn Sie es mögen, können Sie die Übung mit sanfter, rhythmischer Musik untermalen. Ich mag für diese Zwecke gern *Totem* von Gabrielle Roth oder *White Winds* von Andreas Vollenweider.

Sie brauchen viel Platz für weite, kreisende Bewegungen. Nehmen Sie sich zwanzig Minuten Zeit.

Die Übung

Beginnen Sie mit einer Herz-zu-Herz-Begrüßung.

Sitzen Sie mit geradem Rücken, die Beine vor sich in einem Winkel von 45 Grad gespreitzt und ausgestreckt. Wenn Sie Ihre Beine nicht so strecken können, daß sie flach auf dem Boden liegen, können Sie sich ein kleines Kissen unter jedes Knie schieben.

In dieser Position sitzen Ihr Partner und Sie sich so gegenüber, daß sich Ihre Fußsohlen berühren. Beugen Sie sich aus der Taille mit möglichst gerader Wirbelsäule vor, und fassen Sie sich fest bei den Handgelenken. Schauen Sie sich in die Augen, und atmen Sie ein paarmal tief durch. Achten Sie darauf, daß Sie beide gut Ihr Gleichgewicht halten können, bequem sitzen und sich in die Augen schauen können.

Jetzt fangen Sie an, sich vorsichtig vor- und zurückzulehnen. Atmen Sie bei der Rückwärtsbewegung durch den Mund ein und, während Sie nach

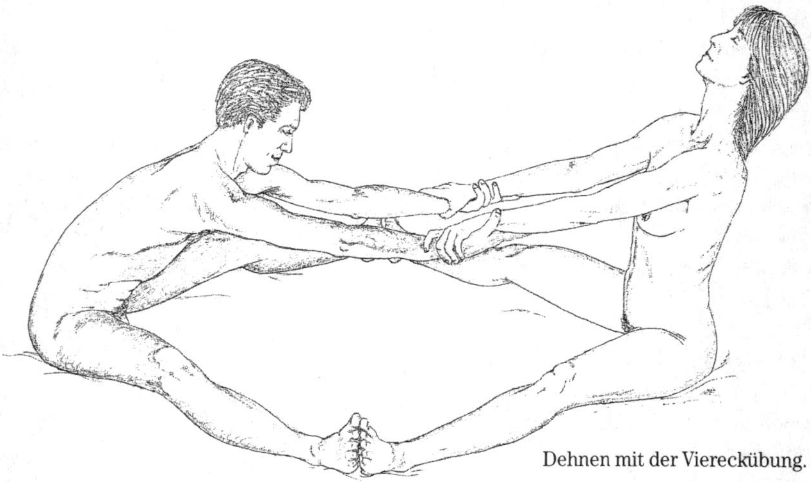

Dehnen mit der Viereckübung.

vorne kommen, durch den Mund aus. Stellen Sie sich vor, daß Ihr Atem Ihre Bewegungen trägt. Erinnern Sie sich an die drei Schlüsselmethoden, und benutzen Sie Ihre Stimme. Seufzen und ächzen Sie beim Ausatmen, um auszudrücken, was Sie gerade empfinden. Probieren Sie aus, wie weit Sie sich vor- und zurücklehnen können, und beachten Sie, daß Sie Ihren Bewegungsspielraum durch tiefes Atmen vergrößern können. Wenn Ihre Gelenke sich allmählich dehnen und entspannen, werden Sie imstande sein, sich beim Einatmen mit dem Rücken auf den Boden zu legen und beim Ausatmen so weit vorzukommen, daß Sie mit Ihrer Stirn den Boden zwischen den Oberschenkeln Ihres Partners berühren können.

Halten Sie beim Experimentieren mit dieser Schaukelbewegung Ihre Wirbelsäule gerade, indem Sie sich aus der Taille vorbeugen. Lassen Sie die Arme die ganze Zeit gerade ausgestreckt. Es geht weniger darum, sich zu ziehen und zu schieben, als vielmehr zuzulassen, daß Sie, gezogen von Ihrem eigenen Körpergewicht, mit dem Oberkörper abwechselnd vor- und zurückkommen. Halten Sie Ihren Nacken locker, indem Sie den Kopf von Zeit zu Zeit ein paarmal auf dem Hals kreisen lassen. Denken Sie daran, weiterhin tief ein- und auszuatmen und dabei Laute von sich zu geben. Nach einer Weile können Sie versuchen, einen Arm nach vorn und den anderen nach hinten zu strecken, während Ihr Partner gegengleiche Bewegungen macht.

Machen Sie dann mit kreisenden Bewegungen aus der Taille weiter, zuerst im und dann gegen den Uhrzeigersinn. Von diesen Bewegungen, die eine ausgezeichnete Vorbereitung auf das körperliche Zusammenspiel im Hohen

Sex sind, können Sie mühelos zu einem rhythmischen Körpertanz übergehen.

Diese Übung verlangt kontinuierliche, fließende Bewegungen, achten Sie also darauf, nicht abrupt zu stoppen und neu anfangen zu müssen. Spüren Sie, wie Hüftgelenke, Kniegelenke und Kreuz sich lockern. Das hilft Ihnen, das Becken beim Liebesspiel zu entspannen.

Achten Sie auf das Zusammenspiel mit Ihrem Partner. Wann und wie übernehmen Sie die Führung? Wann geben Sie nach und überlassen sich seiner Führung? Nutzen Sie diese Übung auch dafür, sich typische Verhaltensmuster in Ihrer Beziehung deutlich zu machen und herauszufinden, wo Sie Widerstand leisten und wo Sie auf den anderen eingehen. Lockern Sie Ihre Gelenke immer mehr, ohne die Grenzen dessen, was für Sie körperlich und psychisch angenehm ist, zu überschreiten. Lassen Sie zu, daß Ihre Bewegungen vom Atem getragen werden.

Beenden Sie die Übung mit einer Herz-zu-Herz-Begrüßung.

Sprechen Sie anschließend ein paar Minuten über Ihre Gefühle bei dieser Übung. Stehen Sie dann auf, schütteln Sie Ihre Hände, Arme und Beine aus, wackeln Sie mit den Hüften, und genießen Sie das kribbelnde, aber entspannte Gefühl, wieder auf Ihren eigenen Füßen zu stehen. Vielleicht fällt Ihnen auf, daß Ihr Becken sich weiter und offener anfühlt. Dieses Lockern und Zentrieren ist für die Freisetzung Ihres sexuellen Potentials ganz wesentlich.

Hinweise

Wie bei der Herz-zu-Herz-Begrüßung sollten Ihre Bewegungen auch bei dieser Übung aus Taille und Hüfte kommen, ohne daß Sie dabei Ihren Rücken beugen. Rücken und Wirbelsäule sind stets gerade.

Treiben Sie sich nicht an, und überdehnen Sie Ihre Gelenke nicht. Wenn Sie Probleme mit dem Rücken haben, machen Sie diese Übung am besten zuerst einmal allein, damit Sie Ihre Grenzen kennenlernen und berücksichtigen können. Ziehen Sie auf keinen Fall zu heftig aneinander. Seien Sie vorsichtig, und respektieren Sie gegenseitig Ihre Grenzen.

Gemeinsames Hocken

Dies ist eine uralte Übung, die über die Jahrhunderte hinweg in den verschiedenen Kulturen die unterschiedlichsten Formen angenommen hat. Wenn Sie sich »hinhocken«, verbinden Sie sich instinktiv mit der Erde, mit Ihrer animalischen Natur und Ihren Körperwurzeln.

Sinn und Nutzen

Hocken stärkt den Beckenboden und die Unterleibsmuskeln, massiert den Darm, entspannt den Anus, lockert

Hüft-, Knie- und Fußgelenke und streckt die Wirbelsäule.

Hockübungen sind besonders gut für Frauen, die beim Liebesspiel gern oben liegen, weil sie die Oberschenkelmuskeln stärken und die Frau sich leichter auf- und abbewegen kann.

Vorbereitungen

Für diese Übung brauchen Sie genug Platz, falls Sie einmal nach hinten fallen, während Sie versuchen, in der Hocke die Balance zu halten.

Ziehen Sie für diese Übung keine Hosen an.

Die Füße stehen flach auf dem Boden, damit die Fußgelenke so weit wie möglich gedehnt werden. Ihr Gewicht ruht in der Mitte zwischen Zehenspitzen und Fußballen. Sollte es Ihnen anfangs schwerfallen, die Füße beim Hocken flach am Boden zu halten, können Sie sich ein paar flache Polster unter die Fersen legen.

Nehmen Sie sich fünfzehn Minuten Zeit.

Spielen Sie eine sanfte, rhythmische Musik.

Die Übung

Die Partner stehen sich gegenüber und schauen sich in die Augen. Halten Sie möglichst während der ganzen Übung Augenkontakt.

Dann gehen Sie langsam in die Knie und sinken in die Hocke. Atmen Sie tief durch den Mund, und spüren Sie, wie der Atem von innen Ihren Brustkorb und Ihre Rippen, die inneren Organe in diesem Bereich und den ganzen oberen Rücken massiert und dehnt.

Während Sie Ihre Füße flach am Boden lassen und die Hände seitwärts zeigen, ohne den Boden zu berühren, beginnen Sie sanft vor- und zurückzuschaukeln. Durch dieses Schaukeln verlagert sich der Druck von einer Muskelpartie zur anderen, so daß immer ein Muskelbereich gedehnt wird, während der andere sich entspannt. Spielen Sie in beiden Richtungen mit Ihrem Gleichgewicht.

Ihre Knie ruhen am besten unter Ihren Achselhöhlen, so können Schultern und Brustkorb locker bleiben. Lassen Sie den Kopf locker hängen,

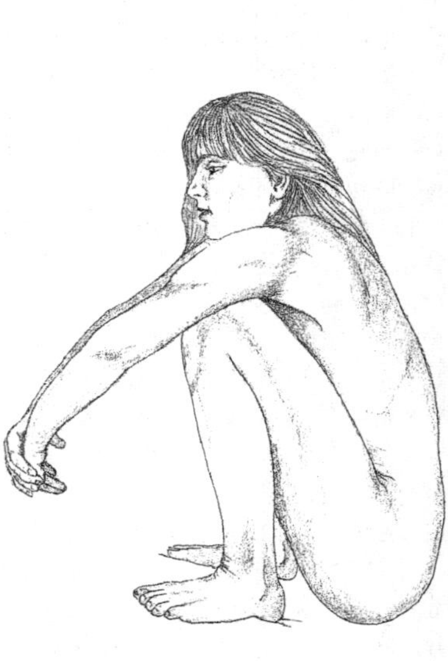

und versuchen Sie nicht, ihn mit Anstrengung gerade zu halten.

Wenn Sie so eine Weile vor- und zurückgeschaukelt sind, stellen Sie sich vor, daß vom Ende Ihrer Wirbelsäule ein Anker hängt, der Sie nach unten zieht. Ohne die Haltung Ihrer Füße zu verändern, kreisen Sie jetzt langsam um diese Achse. Sie werden bemerken, daß dabei die Beckenmuskeln, die seitwärts zu den Hüftgelenken führen, durch eine leichte Drehbewegung gedehnt werden.

Bewegen Sie sich auch von einer Seite zur anderen, und probieren Sie sämtliche kleinen und großen Bewegungen aus, die in dieser Position möglich sind.

Geben Sie beim Ausatmen ein gesundes Ächzen oder Stöhnen von sich, und beachten Sie, wie Sie sich mit Hilfe dieser Laute noch weiter entspannen können.

In dieser Haltung stellen Sie sich vor, über Ihrem Partner zu hocken und ihn in dieser Position zu lieben. Dann, während Sie den Kopf weiter locker hängen und die Knie gebeugt lassen, heben Sie langsam Ihr Gesäß und spüren dabei die Kraft in Ihren Oberschenkelmuskeln. Nach ein paar Augenblicken senken Sie das Gesäß wieder und wiederholen diese Bewegung in rhythmischer Folge, zunächst langsam und dann schneller werdend, hoch und runter. Ächzen oder seufzen Sie dabei.

Damit fährt jeder von Ihnen etwa

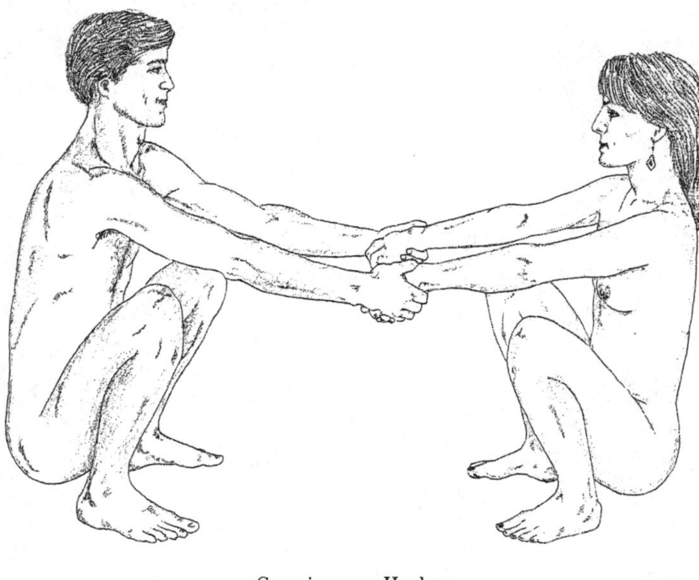

Gemeinsames Hocken.

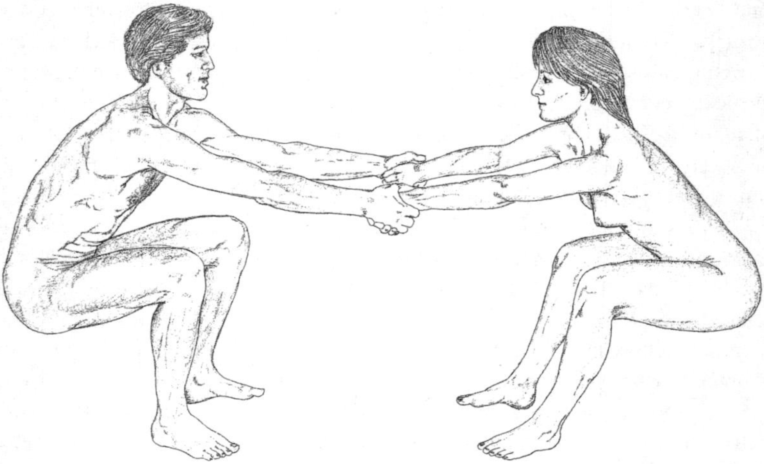

Hocken und wiegen.

drei Minuten für sich fort. Dann strekken Sie Ihre Hände aus, umfassen die Hände oder Handgelenke Ihres Partners und beginnen die Übung in dieser Haltung gemeinsam noch einmal von vorn. Achten Sie darauf, daß Ihre Füße dicht zusammenstehen, während Ihre Arme die ganze Zeit über wegen ihrer Hebelwirkung straff gedehnt sind. Ziehen Sie sanft aneinander, damit Sie vorsichtig vor- und zurückschaukeln. Dann können Sie die Seitwärtskreise

Hocken und dehnen.

und die anderen Bewegungen auszuprobieren.

Versuchen Sie, zusammen hochzukommen, sich wieder herunterzulassen und die Position, in der die Spannung am größten ist, eine Weile zu halten. Spüren Sie, welche Kraft und welches Gleichgewicht Ihnen diese scheinbar so unangenehme Haltung verleiht. Achten Sie auch darauf, wie Sie im Kraftzentrum direkt unterhalb Ihres Nabels deutlich spüren können, wo der kritische Punkt zwischen Schieben und Ziehen liegt. Dabei müssen Sie lediglich das Gewicht Ihrer beiden Körper gegeneinander ausbalancieren, um diese Position halten zu können. Diese dynamische Körperhaltung kann zu einem Bild für Ihre Beziehung insgesamt werden.

Hinweise

Sie brauchen Einfühlungsvermögen und Vertrauen, damit Sie das feine Gleichgewicht erreichen, das hier erforderlich ist. Das kann sehr viel Spaß machen. Wie schon bei anderen Übungen können Sie auch hier durch eine spielerische Haltung vermeiden, daß Sie sich steif und ungeschickt fühlen.

Die Beckenschaukel

Diese Übungen beruhen auf der Entdeckung Wilhelm Reichs und seiner Nachfolger auf dem Gebiet der bioenergetischen Therapie, daß die Freisetzung der orgastischen Energie im ganzen Körper auf das engste mit den Schaukelbewegungen des Beckens verbunden ist und durch bestimmte Atemrhythmen noch verstärkt wird. Mit der folgenden Übung lernen Sie den orgastischen Reflex zu simulieren und Muskelverspannungen aufzulösen, die die orgastische Entladung bislang behindert haben. Es ist durchaus möglich, daß Sie bei diesen Übungen einen genitalen Orgasmus erleben.

Sinn und Nutzen

Zur Beckenschaukel wurde ich durch die Arbeit meines Freundes Jack Painter angeregt, dem Erfinder der Posturalen Integration, einer Methode der Körperarbeit. Sie fördert die Beweglichkeit Ihres Beckens, und Sie üben dabei den Wechselrhythmus von Vorwärtsstoßen und Zurückziehen, der die Grundbewegungen für das dynamische Liebesspiel darstellt.

Das Becken ist Ihr Kraftwerk, der Ort, wo Sie Ihre sexuelle Energie erzeugen, speichern und umverteilen. Bei diesen Beckenübungen können Sie einen Punkt erreichen, an dem Emotionen freigesetzt werden, die mit Ihrer Erziehung und Ihrer sexuellen Vergangenheit zu tun haben. Wenn Sie diese Emotionen loslassen, wird Ihr Becken von Ängsten und Verspannungen befreit und Ihr erotisches Empfindungsvermögen vertieft.

Meistens spüren Sie wahrscheinlich nur bestimmte Bereiche Ihres Beckens wie die Hüftgelenke oder die Gesäßknochen, auf denen Sie sitzen. Der Beckenboden dagegen – das Gesäß, der Anus und das Perineum – bleibt relativ empfindungslos. Diese Empfindungslosigkeit ist aber eher angelernt als ein natürlicher Zustand. Eine rigide Reinlichkeitserziehung zum Beispiel treibt Menschen oft dazu, zum Zweck der Darmkontrolle sämtliche Beckenmuskeln zusammenzuziehen.

Mit Hilfe der Beckenschaukel können Sie den Beckenbereich allmählich öffnen, wobei Sie rhythmische Schaukelbewegungen, ausdrucksvolle Laute und die Atmung einsetzen, um die energetische Aufladung in diesem Bereich zu erhöhen. Der Pumpeffekt auf die Beckenmuskeln steigert die Blutzufuhr, was wiederum die sexuellen Empfindungen in den Genitalien verstärkt. Die erhöhte Aufladung trägt beim Liebesspiel zum Orgasmus bei.

Vorbereitungen

Mit den vorigen Übungen haben wir den ganzen Körper energetisch aufgeladen. Jetzt können Sie sich darauf konzentrieren, die Energie im Becken zu mobilisieren. Sie werden diese Aufladung an der prickelnden Wärme im Beckenboden und in den Genitalien ebenso erkennen wie am Schwitzen, dem Feuchtwerden der Genitalien und den leichten, reflexähnlichen Vibrationen, mit denen der Körper sich auf sexuelle Aktivitäten vorbereitet.

Diese Empfindungen werden Sie mit einer schnellen, betonten Atmung verbinden, um die sexuelle Erregung im ganzen Körper zu verteilen. Dabei gibt es keinen festen Ablauf, denn die Beckenschaukel ist keine stereotype Aerobic-Übung, sondern eine Einstimmung auf die natürlichen körperlichen Vorgänge der erotischen Auf- und Entladung.

Meiner Erfahrung nach gibt es eine energetische Verbindung zwischen Becken, Kehle und Augen. Um dem Becken in dieser Übung ein Maximum an Beweglichkeit zu entlocken, ist es wichtig, Augenkontakt zu halten, den Nacken zu bewegen, die Kehle zu öffnen und Seufzer und Schreie herauszulassen. Wenn das Becken sich öffnet und mit Energie auflädt, können lange unterdrückte Emotionen zum Vorschein kommen. Vielleicht verspüren Sie das Bedürfnis, zu weinen oder vor Wut zu brüllen. Verleihen Sie diesen Emotionen einfach Ausdruck, während Sie mit den Bewegungen fortfahren. Regen Sie sich über diese Gefühle nicht auf, und lassen Sie sich davon auch nicht abhalten – sie loszulassen wird heilsam und befreiend für Sie sein.

Diese Übung besteht aus zwei Formen der Beckenschaukel: Die abwärts führende Beckenschaukel ist eine sanfte weibliche Methode, das Becken mit Energie aufzuladen; die aufwärts führende Beckenschaukel ist dynamischer, entspricht den spontanen Beckenbewegungen beim orgastischen

Reflex und ist Ihnen von daher bereits geläufig. Es ist wichtig, daß Sie mit beiden Formen der Beckenschaukel Ihre Erfahrungen machen, um herauszufinden, welche für Sie wohltuender ist.

Halten Sie die ganze Zeit über Augenkontakt mit Ihrem Partner. Wenn Sie die Übung allein machen, stellen Sie sich vor einen Spiegel, damit Sie sich selbst in die Augen schauen können, um zentriert zu bleiben.

Nehmen Sie sich dreißig Minuten Zeit für diese Übung, und sorgen Sie dafür, daß Sie nicht unterbrochen werden. Ein abruptes Aufhören kann die Muskel- und Atemverspannungen verstärken, die Sie gerade zu heilen versuchen.

Sie können für diese Übung eine dynamische Musik wie afrikanische Trommelrhythmen (vergleiche Anhang II) auflegen.

Die Übung

Als Vorbereitung können beide Partner durch den Raum marschieren, mit aller Kraft wiederholt »Ha!« rufen, wobei Sie im Takt der Trommelmusik fünf bis zehn Minuten lang mit den Füßen aufstampfen und herumspringen. Dann stellen Sie sich in etwa einem halben Meter Abstand gegenüber auf. Nehmen Sie die Grundhaltung ein, und schauen Sie sich in die Augen. Wenn Sie allein üben, stellen Sie sich vor einen Kleiderspiegel, in dem Sie sich ganz betrachten können.

Lassen Sie die Arme locker an den Seiten herunterhängen. Achten Sie darauf, daß die Verbindung zwischen Nacken und der ganzen Länge Ihrer Wirbelsäule sich entspannt, damit die Empfindungen und Bewegungen von Ihrer Wirbelsäule ungehindert in Nacken und Kopf hochsteigen können.

Schließen Sie die Augen, und konzentrieren Sie sich auf Ihre inneren Empfindungen. Achten Sie darauf, gut verwurzelt und im Gleichgewicht zu sein. Atmen Sie durch den Mund tief in Ihren Bauch ein, und lassen Sie den Bauch locker. Entspannen Sie Genital- und Analmuskeln. Dabei stellen Sie sich vor, tief bis in den Magen und weiter bis hinunter in den Genitalbereich, Ihr sexuelles Zentrum, zu atmen.

Nach ein paar Minuten öffnen Sie die Augen und schauen sich an. Die körperliche Erregung zu halten, während Sie miteinander in Kontakt bleiben, ist eine weitere Schlüsselmethode im Hohen Sex.

Jetzt beginnen Sie mit der abwärts führenden Beckenschaukel.

Die abwärts führende Beckenschaukel

Fangen Sie an, Ihr Becken vor- und zurückzuschaukeln. Lassen Sie Brustkorb und Wirbelsäule entspannt und aufgerichtet, damit die Schaukelbewegungen nur vom Becken vollführt werden. Mit dem Einatmen stoßen Sie vor, ohne die Beckenmuskeln anzuspannen. Auch die Gesäßmuskeln sollten sich dabei nur sanft und leicht zusammenziehen. Versetzen Sie sich bei diesem Vorwärtsstoßen in das Gefühl, etwas »aktiv zu verfolgen«, wie beim vorwärtsdrängenden, dynamischen Element des Liebesspiels.

Beim Ausatmen lassen Sie Ihr Becken zurückfallen und entspannen Oberschenkel-, Gesäß- und Beckenmuskeln. Das ist kein »Tun« – Sie lassen das Becken einfach in seine natürliche Lage zurückfallen. Bei dieser Rückwärtsbewegung versetzen Sie sich in das Gefühl loszulassen.

Während Ihr Oberkörper weiter ruhig und entspannt bleibt, bewegt sich nur Ihr Becken vor und zurück. Vielleicht hilft es Ihnen, sich vorzustellen, daß Ihr Becken, aufgehängt an der horizontalen Achse Ihrer Hüften, wie von selbst vor- und zurückschwingt. Halten Sie die Knie leicht gebeugt, und achten Sie darauf, daß sie bei den Beckenbewegungen nicht mitgehen.

So schaukeln Sie mit kräftigen Bewegungen mindestens fünf Minuten lang vor und zurück, ziehen dabei die beteiligten kräftigen Muskeln im rhythmischen Wechsel zusammen und lassen sie wieder los. Setzen Sie mit den Bewegungen auch Ihre Stimme ein, und geben Sie jedes Mal, wenn Ihr Becken wieder an seinen Platz zurückfällt, ein sanftes und sinnliches »Ha!« von sich.

Mit etwas Übung werden Sie spüren können, wie sich die Erregung aufbaut, besonders wenn Sie allmählich lernen, das Vorstoßen Ihres Beckens mit dem Einatmen und das Entspannen der beteiligten Muskeln mit dem Ausatmen präzise zu koordinieren.

Allmählich werden Sie schneller und lauter, lassen immer kräftigere Bewegungen und Laute zu, als würden Sie sich dem Orgasmus nähern. Dabei kann Ihr Atem in ein Hecheln übergehen, Ihre Schreie können höher werden und statt aus dem Bauch jetzt aus dem Brustkorb kommen.

Halten Sie dieses schnellere Tempo etwa drei Minuten lang durch. Dann werden Sie langsamer, lassen auch die Stimme wieder tiefer werden und den

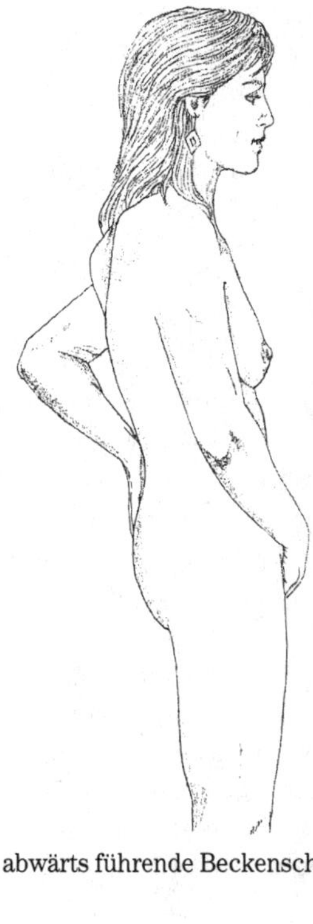

Die abwärts führende Beckenschaukel.

»Ha«-Laut beim Ausatmen in Ihr sexuelles Zentrum fallen, als ob Sie ihn durch die Genitalien aus dem Körper drücken wollten. Lassen Sie den Atem in den Bauch fließen. Atmen Sie weiter ein, während Ihr Becken nach vorn schaukelt, und wieder aus, während es in seine natürliche Lage zurückfällt. Lassen Sie das »Ha« tiefer werden und im Bauch nachschwingen. Dieses »Abkühlen« kann ebenfalls etwa drei Minuten dauern.

Jetzt können Sie erneut anfangen, sich allmählich wieder zu einem schnelleren Tempo und einem Höhepunkt der Erregung steigern und dann langsamer werden, ohne die Bewegungen ganz einzustellen. Diesmal beziehen Sie den übrigen Körper in das Schaukeln mit ein. Lassen Sie die Bekkenbewegungen wie Wellen durch Oberkörper, Hals und Kopf laufen, während Sie mit dem »Ha!« und der Bauchatmung fortfahren und weiter Augenkontakt halten. Machen Sie so drei bis fünf Minuten weiter.

Setzen Sie diesen Kreislauf von Aufladung und Entladung etwa fünfzehn Minuten lang fort, werden Sie dann langsamer und hören auf. Schließen Sie Ihre Augen, und richten Sie Ihre Aufmerksamkeit nach innen auf Ihr Becken und Ihre Genitalien, wobei Sie in den Knien leicht nachgeben und Ihr Becken entspannen. Achten Sie auf kribbelnde, pulsierende Empfindungen, auf Wärme und Lebendigkeit. Wenn Sie das spüren, sind Sie mit der Aufladung und Beweglichkeit des Beckens, die eine Grundvoraussetzung für Hohen Sex sind, ein gutes Stück vorangekommen.

Die aufwärts führende Beckenschaukel

Jetzt können wir mit dieser Übung fortfahren, kehren dabei aber die Bewegungen um, so daß Ihr Becken mit dem Einatmen leicht nach hinten und nach oben kippt, während es mit dem Ausatmen nach unten und nach vorne fällt.

Nehmen Sie die Grundhaltung ein, entspannen Sie die Beckenbodenmus-

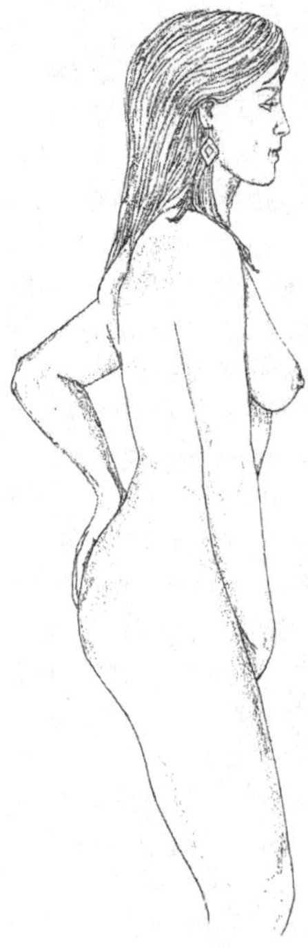

Die aufwärts führende Beckenschaufel.

keln, und lassen Sie die Arme locker neben dem Körper hängen.

Beginnen Sie wieder mit der Beckenschaukel. Kippen Sie Ihr Becken mit dem Einatmen zurück, und lassen Sie es beim Ausatmen nach vorn fallen, wobei Sie sämtliche Becken-, Genital- und Gesäßmuskeln entspannen.

Dann drücken Sie Ihren Rücken beim Einatmen leicht durch und kippen Ihr Becken nach hinten. Mit dem Ausatmen stoßen Sie nach unten und drücken mit dem Laut »Ha!« nach vorn, um Spannungen loszulassen und den Beckenbereich zu öffnen. Und wieder sollte das Becken sich nicht nach oben und unten bewegen, sondern vor- und zurückschwingen, als wäre es in einer horizontalen Achse aufgehängt. Stellen Sie sich Ihr Becken als einen großen Ball vor, der wie von selbst vor- und zurückrollt.

Wenn Sie diese Bewegung erst einmal erfaßt haben, können Sie das Schaukeln und das »Ha!« verstärken. Stellen Sie sich beim Einatmen vor, die Liebesenergie Ihres Partners mit Genitalien und Becken aufzusaugen.

Achten Sie auf den Unterschied zwischen dieser Bewegung und der vorigen. Viele Menschen finden diese Bewegung männlicher. Es scheint einen natürlichen Impuls zu geben, mit dem Ausatmen vorstoßen zu wollen, und viele genießen das Machtgefühl, das diese Bewegung ihnen verleiht.

Sie können diese »Macho«-Erfahrung noch verstärken, wenn Sie Anus und Gesäß zusammenziehen, während Sie beim Ausatmen mit dem Becken vorstoßen. Als Frau können Sie sich vorstellen, einen erigierten Penis zwischen Ihren Beinen zu haben und damit in Ihren Partner, der vor Ihnen steht, einzudringen. Auf diese Weise können Sie die aggressive Seite Ihrer Sexualität in Form einer wilden Entladung spielerisch ausleben.

Spüren Sie den Wechselrhythmus zwischen Aufnehmen der Energie mit dem Einatmen und Abgeben der Energie mit dem Ausatmen. Lassen Sie diesen Rhythmus Ihren ganzen Körper erfassen.

Fahren Sie mit dieser Übung etwa fünfzehn Minuten lang fort. Dann werden Sie langsamer und hören auf. Schließen Sie Ihre Augen, und achten Sie wieder auf sämtliche neuen Empfindungen im Beckenbereich.

Hinweise

Führen Sie die abwärts- und die aufwärtsführende Beckenschaukel dynamisch und lange genug aus, damit Ihr Körper wirklich energetisch aufgeladen wird. Daß das der Fall ist, werden Sie daran merken, daß Sie schwitzen, Ihr Körper sich heiß und lebendig anfühlt, Ihr Atem schneller geht und ein Kribbeln Ihre Genitalien durchströmt.

Vielleicht ist es anfangs für Sie zu anstrengend, sich auf die Übung zu konzentrieren und gleichzeitig Ihrem Partner in die Augen zu schauen. Sollte das zutreffen, dann halten Sie Ihre Augen zunächst geschlossen, und zwar so lange, bis Sie das Gefühl haben, daß Sie die Übung beherrschen und Spaß daran haben. Dann öffnen Sie Ihre Augen. Sie können die Augen auch abwechselnd schließen und öffnen. Achten Sie darauf, wie unterschiedlich die Gefühle sind, die dabei auftauchen. Es kann durchaus sein, daß Sie diese Übung längere Zeit regelmäßig machen müssen, bevor Sie spüren können, wie feinfühlig und beweglich Ihr Becken dabei wird.

Wenn Sie während dieser Übung gar nichts spüren, verspannen Sie dabei vielleicht Kehle, Mund oder Nacken. Versuchen Sie diese Körperbereiche zu öffnen und zu entspannen, indem Sie an Ihrem Daumen nuckeln oder saugende Bewegungen und Geräusche mit Ihrem Mund machen. Das setzt festgehaltene Energien in der Kehle frei, was wiederum eine Entspannung des Beckens bewirkt.

Sollten Sie nach mehreren Sitzungen immer noch nichts spüren, dann warten Sie, bis Sie die Übungen aus dem neunten und zehnten Kapitel gemacht haben, die die Empfindungsfähigkeit Ihres Beckens nachhaltig verstärken.

Sie können die Beckenempfindungen bei dieser Übung auch verstärken, indem Sie sich eine Hand leicht gewölbt über Genitalien und Beckenboden und die andere ins Kreuz legen. Stellen Sie sich vor, Ihr Becken wie eine Schale zu halten. Spüren Sie, wie diese Berührung Ihnen das Gefühl gibt, unterstützt und akzeptiert zu werden sowie verwurzelt zu sein.

Wenn Sie das Gefühl haben, daß die Beckenschaukel für Sie zu diesem Zeitpunkt noch zu schwierig ist, können Sie allmählich darauf hinarbeiten, indem Sie zunächst einmal mit dem »Beckenprellen« anfangen, das auch für sich genommen eine nützliche Übung ist. Für das Beckenprellen gelten grundsätzlich die gleichen Anleitungen wie für die beiden Versionen der Beckenschaukel, aber Sie machen es im Liegen. Dabei heben Sie Ihr Bekken vom Boden, lassen es fallen und wieder hochprellen. (Decke oder Kissen unterlegen!) Lassen Sie dieses Auf- und Abprellen allmählich schneller und heftiger werden. Beim Beckenprellen heben Sie Ihr Becken mit dem Einatmen an und lassen es beim Ausatmen mit einem explosiven »Ha!« zurück auf die Matratze fallen.

Vielleicht können Sie Ihre Zweifel, mit denen Sie diese Anweisungen zunächst vielleicht befolgen, allmählich auch aufgeben und dazu übergehen, spielerisch einen Orgasmus zu simulieren.

Der aufblühende Lotos

Nachdem Sie Ihre Energie mit der Bekkenschaukel aktiv und dynamisch geweckt und erweitert haben, werden Sie es genießen, die Energie wieder nach innen an einen Ort der Stille und des Friedens zu leiten, und zwar mit Hilfe einer Übung, die ich den »aufblühenden Lotos« nenne. Die Stille besinnlicher Momente erhält eine ganz lebendige Qualität, wenn ihr energiegeladene, dynamische Übungen vorausgehen.

Sinn und Nutzen

Die Position des aufblühenden Lotos wird im Tantra, im Yoga und im Zen und in vielen anderen spirituellen Traditionen angewendet. Diese Haltung fördert Selbstbetrachtung, Ruhe und Gelassenheit und macht es Ihnen leicht, das Innere Ihres Körpers bis in feinste Regungen wahrzunehmen.

In der horizontalen Lage hat die Energie beim Liebesspiel die natürliche Tendenz, sich im Becken zu sammeln, aber in der vertikalen Position können wir leicht eine Verbindung zwischen Becken und Kopf herstellen, was es uns möglich macht, die sexuelle Energie in subtilere und ekstatischere Empfindungen umzuwandeln.

Auch wenn es beim aufblühenden Lotos nicht auf bestimmte Bewegungen ankommt, erfordert er doch ebensoviel Übung wie die Beckenschaukel. Je lockerer und bequemer Sie in der Lotoshaltung sitzen können, desto leichter finden Sie Zugang zum Hohen Sex.

Vorbereitungen

Sie können diese Haltung allein oder zusammen mit einem Partner üben. Suchen Sie sich ein festes, bequemes Polster oder Sitzkissen. Das runde Meditationskissen, das in der Zen-Tradition verwendet wird *(Zafu)*, eignet sich wahrscheinlich am besten.

Richten Sie den heiligen Raum her.

Sorgen Sie dafür, daß Sie möglichst wenig durch Ablenkungen und Geräusche gestört werden. Sie können eine friedliche, entspannende Musik auflegen.

Nehmen Sie sich zwanzig Minuten Zeit für diese Übung.

Die Übung

Sie sitzen so auf dem Kissen, daß Ihr Bauch sich entspannt und die Knie den Boden berühren können. Kreuzen Sie Ihre Beine im indischen Stil, und ziehen Sie sie unter Ihr Gesäß.

Lassen Sie Ihren Bauch locker. Ich nenne das den »Buddha-Bauch«. Damit Ihre Taille nicht beengt ist, sollten Sie weder Gürtel noch Schärpen tragen. Halten Sie Ihren Rücken gerade, aber entspannt. Ihr Hals sollte mit der Wirbelsäule eine Linie bilden, Ihr Kinn zeigt leicht in Richtung Brustkorb, und Ihre Schultern sind entspannt.

Legen Sie Ihre Hände auf die Knie. Sie können die Handteller in einer empfänglichen Haltung nach oben zeigen lassen, oder die Hände ruhen in einer Haltung von Kraft und Erdung mit den Handtellern nach unten auf den Knien. Um einen Geschmack von Meditation zu bekommen, können Sie die Hände auch im Schoß ineinander legen; beide Handteller weisen dabei nach oben, die rechte Hand ruht in der

Der sich öffnende Lotos.

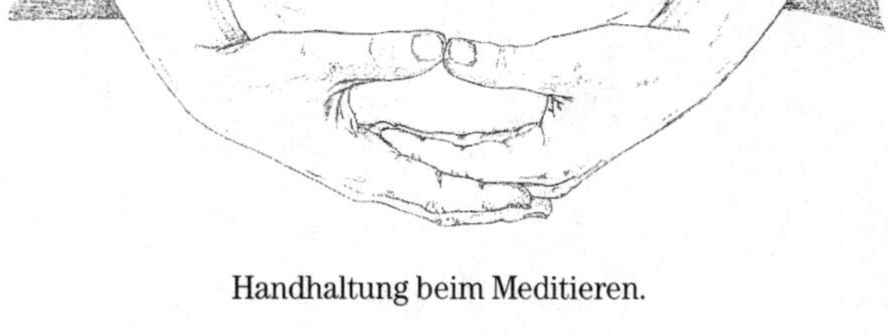

Handhaltung beim Meditieren.

linken, und die Daumen berühren sich. Experimentieren Sie mit diesen verschiedenen Handhaltungen, und achten Sie darauf, wie sich Ihre Stimmung entsprechend verändert.

Atmen Sie langsam und gleichmäßig durch die Nase, und spüren Sie, wie die Luft durch Ihre Nasenlöcher ein- und austritt, wie die warme Luft ein- und die kalte ausströmt. Entspannen Sie Ihre Kiefermuskeln.

Sitzen Sie zwanzig Minuten lang, und beobachten Sie Ihren Atem.

Steuern und dirigieren Sie Ihre Gedanken nicht. Beobachten Sie einfach alles, was Ihnen durch den Kopf geht. Genießen Sie es, in einer entspannten, betrachtenden Haltung einfach nur Zeuge zu sein.

Schließen Sie die Übung mit einer Herz-zu-Herz-Begrüßung für sich oder Ihren Partner ab.

Hinweise

Ihre Knie sollten in dieser Position den Boden berühren. Das entspannt den Bauch und öffnet die Körpervorderseite. Sie können diese Kniehaltung unterstützen, indem Sie sich ein größeres Kissen unter das Gesäß schieben und damit Ihr Becken anheben.

Die Lotoshaltung wird Ihnen schwerfallen, wenn Ihre Oberschenkel- und Hüftmuskeln verkrampft sind. Üben Sie das Stretching mit der Vierecksübung und das gemeinsame Hokken, um diese Muskeln zu lockern. Es ist wichtig, daß Sie sich allmählich mit dieser Position anfreunden, bis Sie bequem so sitzen können, denn sie ist eine Vorbereitungsübung auf die Praktiken für Fortgeschrittene im zwölften Kapitel. Sitzen Sie täglich mindestens zehn Minuten in dieser Haltung.

Die innere Flöte öffnen

Vielleicht ist Ihnen die Vorstellung von einer inneren Flöte, die auf einer vertikalen Linie in Ihrem Körper verläuft, zunächst etwas fremd. Stellen Sie sich einmal vor, einer Musik zu lauschen, an der alles stimmt – mit der Ausnahme, daß das wichtigste Instrument fehlt. Das kann Rock'n'Roll ohne die elektrische Leadgitarre sein oder ein Flötenkonzert von Mozart ohne Flöte. Sie hören den Rhythmus, das Stück kommt Ihnen vage bekannt vor, aber irgendwie fehlt das Wesentliche, das, was alles zusammenhält, die Stimmung prägt und der Musik Leben einhaucht.

Oft erleben wir Sex wie ein Musikstück, bei dem das entscheidende Instrument fehlt. Das Zusammenspiel fängt schön an, aber das Crescendo verläuft stockend, die Instrumente sind schlecht gestimmt, und das Stück hat keine Tiefe. Irgendein Element fehlt, so daß das Liebesspiel sich nicht richtig entfalten und zu keiner harmonischen Melodie finden kann. In diesem Kapitel werden Sie die innere Flöte als das Instrument kennenlernen, das Ihre sexuellen Energien zum »Klingen« bringt. Sie werden die innere Flöte in sich entdecken und lernen, Ton um Ton darauf zu spielen. Während Sie den Kanal der inneren Flöte öffnen, lernen Sie außerdem, Ihre Erregung zu verstärken und Ihre sexuelle Energie im ganzen Körper zu verteilen. Ohne die innere Flöte können sich die sexuellen Klänge, die nur auf dem Instrument Ihrer Genitalien gespielt werden, nicht so mühelos zu einer ganzen Symphonie erweitern, bei der der ganze Körper mitspielt. Indem Sie dies lernen, werden Sie begreifen, daß die weit verbreitete Annahme, der sexuelle Orgasmus sei ein rein genitales Ereignis, ein großer Irrtum ist.

> *Liebe ist der geheime Schlüssel, der die Tür zum Göttlichen öffnet. Lache, liebe, sei lebendig, tanze, singe, werde zum hohlen Bambus, und laß Seinen Gesang durch dich fließen.*
>
> Osho Rajneesh

In der Tradition der Taoisten heißt dieser geheime Kanal der »hohle Bambus«. Ich nenne ihn die innere Flöte, weil ich ihn als ein Instrument erlebe, auf dem sich – wie ich es mir und anderen beibringen kann – höchst ekstatische Lieder spielen lassen. Wie der Name schon sagt, ist dieser Kanal ein innerer Pfad, der am Perineum beginnt – dem Damm zwischen Anus und Genitalien – und in der Mitte des Körpers bis zum Scheitel hochsteigt. Einige Frauen stellen sich den Anfang lieber in der Vagina vor, weil sie ihn dort leichter fühlen können.

Die innere Flöte entdecken

Die Entdeckung Ihrer inneren Flöte kann zu einer Erfahrung werden, die Sie zutiefst verwandelt. Nehme ich zum Beispiel James, einen international bekannten Fotografen, einen sehr attraktiven Mann, der an mehreren meiner Trainingsprogramme teilnahm. Er beklagte sich vor allem darüber, daß er wie besessen davon gewesen sei, die jungen Modelle zu verführen und zu erobern, mit denen er arbeitete. Damit hatte er zwar viel Erfolg, aber allmählich begriff er, daß er diesen Drang absolut nicht unter Kontrolle hatte. Statt als guter Liebhaber fühlte er sich als Sklave seiner eigenen sexuellen Triebe. »Ich hechele meinem Penis hinterher wie ein Hund, der seinen eigenen Schwanz im Kreis jagt«, sagte er zu den anderen. Ich erzählte ihm von der Möglichkeit, seine sexuelle Energie zu transformieren, indem er sie sich innerlich entfalten und im Körper nach oben fließen ließ, statt sie mit der Ejakulation wegzuschleudern. Ich sagte ihm, daß dieses Vorgehen, auch wenn es ihm im Augenblick noch fremd vorkäme, ihm helfen würde, stärker mit seiner femininen und rezeptiven Seite in Berührung zu kommen.

Ich sah, wie James sich während des Trainings sehr damit abmühte, seinen Sextrieb in eine andere Richtung zu lenken. Mit seinen tief sitzenden sexuellen Gewohnheiten war er kein leichter Fall, aber er gab sich bei den Übungen sehr viel Mühe. Dann geschah es. Eines Morgens kam er in die Sitzung und erzählte uns von einer schönen Liebesbegegnung, die er letzte Nacht mit seiner Freundin Elsa, einer wunderbaren Frau, gehabt hätte.

»Ich war ganz entspannt, als Elsa zu mir kam, mich verführen wollte und sagte: ›Du brauchst gar nichts zu tun. Ich möchte alles machen.‹«, erzählte er. »Ich stimmte bereitwillig zu. Ich fühlte mich nicht besonders erregt, aber ein solches Angebot konnte ich einfach nicht ausschlagen. Sie streichelte meinen Körper sehr sanft und langsam, dann massierte und küßte sie meine Genitalien. Das war sehr angenehm für mich, aber obwohl ich sehr schnell eine Erektion bekam, verspürte ich keinen Impuls, auf die übliche männliche Art die Initiative zu ergreifen. Ich lag einfach da und nahm entgegen, was sie mir gab.

Ich war mir der Übungen mit der